常総諸藩の武術

小野崎紀男

はじめに

国を治めるというか、政（まつりごと）を行うには兵法が必要であった。初めは狩猟などの道具であった物も武器化して、その武器も製作・用途にも変化・発展することによって武芸化されて、更に使い方・方法などにも工夫を凝らし、色々な流派を生じるに至った。

江戸時代になると、天下泰平となり武器としての使用はなくなったが、武術は武士の嗜みとなり、六藝〔禮（礼儀）・音（音楽）・射（射術）・御（馬術）・書（読み書き）・数（算数）〕として重んじられ、近世には武芸百般と称され普及した。

常総（常陸・下総・上総）の各藩に於いても藩主の奨励もあって、学問・武術が盛んに行われた。

しかし、明治維新となり禄を失った武士達は、西洋文化の流入に伴って、日々の生活をおくることで精一杯、武術を継承する人も居なくなって廃れてしまった。更に、度重なる戦争、災害などによって資料および道具も焼失、失散などしてしまった。

そこで、どのような武術流派があって、どのような武術家が居り、どのように伝わったかなど、つまり（記録・資料など皆無に成らないうちに）、武道史および武道文化を後世に残したく、現存する資料を基に纏めてみました。

目次

第一章　麻生藩の武術

麻生藩は、行方郡麻生（現在の行方市麻生）周辺を領有した外様小藩である。

慶長五年の関ヶ原の戦いのとき、摂津高槻城主新庄直頼は関ヶ原の戦いに西軍に属したため除封されたが、九年召されて駿府にて徳川家康、更に江戸に赴き徳川秀忠に謁して、再び大名に取り立てられた。慶長九年（一六〇四）新庄直頼が、常陸、下野国内において三万三百石余を与えられ、麻生を居所地としたことにより「麻生藩」が成立した。

新庄氏は直頼のあと、直定―直好―直時―直矩―直時（再封）―直詮―直祐―直隆―直侯―直規―直計―直彪―直頊―直敬（直正）と十五代（十四人）約二百六十五年にわたり在封した。

麻生藩の武術については、『藩史大事典』によれば、

馬術は大坪流（嘉永年間）砂水志馬多
剣術は（嘉永年間）津久井轍
槍術は（元治元年）吉田元三郎
砲術は森重流（嘉永年間）永井謙蔵

とあるが、伝書・記録などは、ほとんど見当たらない。

第一節　弓　術

　弓術の流派は、大きく分けると礼法・騎射系統の小笠原流と武射系統の日置（吉田）流に分けられ、日置流はさらに細かく分派した。その流派と始祖は、小笠原流（小笠原貞宗）、日置流（日置正次）、吉田流（吉田重賢）、出雲派（吉田重高）、雪荷派（吉田重勝）、左近右衛門派（吉田業茂）、大蔵派（吉田茂氏）、印西派（吉田重氏）、竹林派（石堂如成）、大心派（田中秀次）、寿徳派（木村寿徳）、道雪派（伴一安）、山科派（片岡家次）、大和流（森川秀一）などである。

　麻生藩には、記録によると、日置流竹林派と日置流雪荷派の弓術が伝わった。

　日置流竹林派、略して竹林派、竹林流といい、流祖は、日置流範次より六代目の石堂竹林坊如成である。近江の人で真言宗の僧、北村（喜多村）と称す。比叡山の僧侶にて竹林坊と称し、紀州高野山、のち吉野に移った。日置流の弓術を学び天文二十年八月弓削繁次師より印可。吉田家の祈願僧で還俗して、清須城主松平忠吉に仕え二百五十石、弓術を指南し「日置流竹林派」と称した。元和二（一六一六）年十月十七日尾州に没した。

○日置弥左衛門範次――安松吉次――安松良清――弓削正次――弓削繁次――○石堂竹林坊如成――石堂新三郎
　　　　　　　　　　　　　　　　　　　　　　　　　　　　　　　　　　　　　　　└石堂弥蔵貞次

- 石堂貞勝 ― 石堂如良
  - 石堂貞祖 ― 石堂貞演
  - 石堂貞則 ― 石堂貞恒
- 岡部忠次
  - 岡部忠恒
    - 岡部忠清 ― 岡部久忠
    - 朝倉博正 ― 浅倉正峯
  - 朝倉正利
- 若林（石堂）勝美 ― 石堂定勝 ― 石堂弥蔵
- 長屋忠久 ― 長屋元久 ― 長屋忠治 ― 長屋忠正
- 長屋忠重
  - 長屋忠孟 ― 長屋忠義 ― 長屋祐忠
  - 星野茂則 ― 星野則春 ― 星野宗則
- 飯沼守明 ― 野村昌好
  - 野村昌 ― 野村昌興
  - 佐竹吉全 ― 和佐實延
- 吉見順正
  - 和佐範遠 ― 和佐貞恒 ― 和佐範種
  - 米田盛永 ― 米田知益
    - 米田正長
    - 真鍋祐雄
    - 深山正則
- 瓦（尾）林成直
  - 下村吉尚 ― 石井正恒 ― 石井正休
  - 酒井重勝 ― 大須賀重政 ― 木村智直

・山本四郎右衛門成庸

竹林流、

松平伊賀守家臣

- 神田七蔵英章
- 磯山平四郎寛連
- 神田匠作英貞
- 鳥名木小市国政

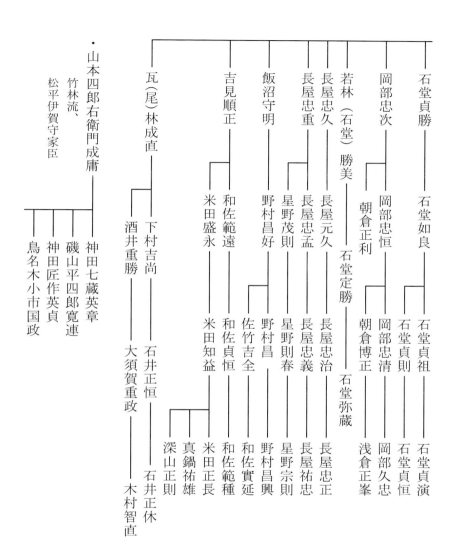

畑　可之助秀苗
植田俊策重固
小川恒三郎忠英
丹羽左右助友龍
古山兵次郎頼富
寺嶋大右衛門義峯

これは、文化八年（一八一一）藩主新庄直計が島並の熊野神社に奉納した金的額に依ったものである。残念なことに師匠の山本成庸の先、伝系などがわからない。また門人達の其の後、および伝書なども不明である。

一方、日置流雪荷派は、日置流（吉田流）吉田重政に弓術を学んだ吉田重勝を流祖とし、彼の号（雪荷）をとって流派名となり広く行われた。吉田重勝は、元定ともいい、幼名を勘次郎、介次郎、のち六左衛門と称し、天性頴悟にして夙に射を祖父重賢及び父重政に学び、若くして蘊奥を極め入道して方睡、豊睡と名乗り、雪荷と号し、天正十八（一五九〇）年十一月十一日七十九歳で没した。

○日置弾正正次――吉田上野介重賢――吉田出雲守重政――
　　　　　　　　　　　　　　　　　吉田豊方

――佐々木義賢
――吉田重高（出雲派本系）

吉田六左衛門重勝（雪荷）
- 吉田元尚 ── 吉田元重（本系）
- 吉田重道 ── 馬淵豊綱
- 吉田元真 ── 津田重為
- 吉田左近右衛門業茂（左近右衛門派）
- 伴喜左衛門一安（道雪派）
- 細川藤孝幽斎
- 森　直儀 ── 森　往直
- 森　直賢 ── 八木近金

麻生藩へは、島並の熊野神社に嘉永三年（一八五〇）奉納された額によると、日置流雪荷派今井醒一郎（今井権六郎の子）の名がある。師匠、伝系などわからない。

第二節　馬　術

馬術は、馬を乗りこなし、活用する術で、それは古墳時代に溯るといえよう。江戸時代になると平和の世の中となり馬術の実用価値が減退したものの、武士の最も尊重した武芸として重視され、特に上・中級士の必修技とされた。

流派と始祖は、大坪流（大坪慶秀）、大坪本流（斎藤定易）、佐々木流（佐々木義賢）、新当流（神尾織部）、新上田流（上田重秀）、荒木流（荒木元清）、八條流（八條房繁）、新八條流（関口信重）などである。

麻生藩には、大坪流の馬術が伝わった。

・桑田兵太夫久政 ―――― 大脇速之助

しかし、桑田久政は、大坪流馬術を誰に学んだか不明である。

大坪流は、室町時代前期の人大坪式部大輔慶秀（一に廣秀）を流祖、幼名を岡崎孫三郎、左京助と称し、将軍足利義満、義持に仕え、剃髪して道禅と号した。小笠原信濃守政長に小笠原流馬術を学び、工夫して名手となり、大坪流を創始した。死没年月日については、応永十四（一四〇七）年十月十七日、明応元（一四九二）年五月十四日（八十四歳）と両説がある。

○大坪式部大輔慶秀 ―― 村上加賀守永 ―― 斎藤国忠 ―― 斎藤好玄

- 細川康政
- 大須賀吉秀
- 斎藤忠玄 ―― 斎藤辰遠 ―― 了慶坊 ―― 斎藤辰光
- 小野重元 ―― 留雲斎満重 ―― 武内吉盛 ―― 武内弘道

斎藤辰光 ―― 斎藤主税定易（大坪本流）

- 前田満長 ―― 小野影高
  - 渡部安綱
- 久保田弘道 ―― 久保田弘隆
- 飯野恒忠 ―― 飯野恒直
- 高山元堅 ―― 矢吹義一

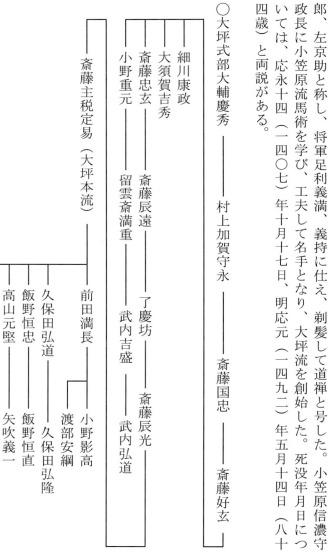

┌斎藤定兼
└山中近宣――――尾上光貞

【伝書】『大坪流事法目録』　（池田家文書本）

一、騎下之事
一、馬上之事
一、地道之事
一、詰地道之事
一、延地道之事
一、颪地道之事
一、性強地道之事
一、重強地道之事
一、流手綱之事
一、反會釋之事
一、落會釋之事
一、天地切出之事
一、九折之事
一、付すまひの事
一、立馬乗様之様
一、馳出之事
一、すみの口の事

一、引放之事
一、向拍子之事
一、繰拍子之事
一、小さくる拍子之事
一、送拍子之事
一、抜拍子之事
一、下位之事
一、上位之事
一、蹴込之事
一、諸當之事
一、片當之事
一、加勢之事
一、さゝ波の事
一、颪弛之事
一、躍拍子に入事
一、踊乗様之事
一、口割様之事
一、中抱之事
一、強鞍之事
一、喰止馬之事
一、片馬之事

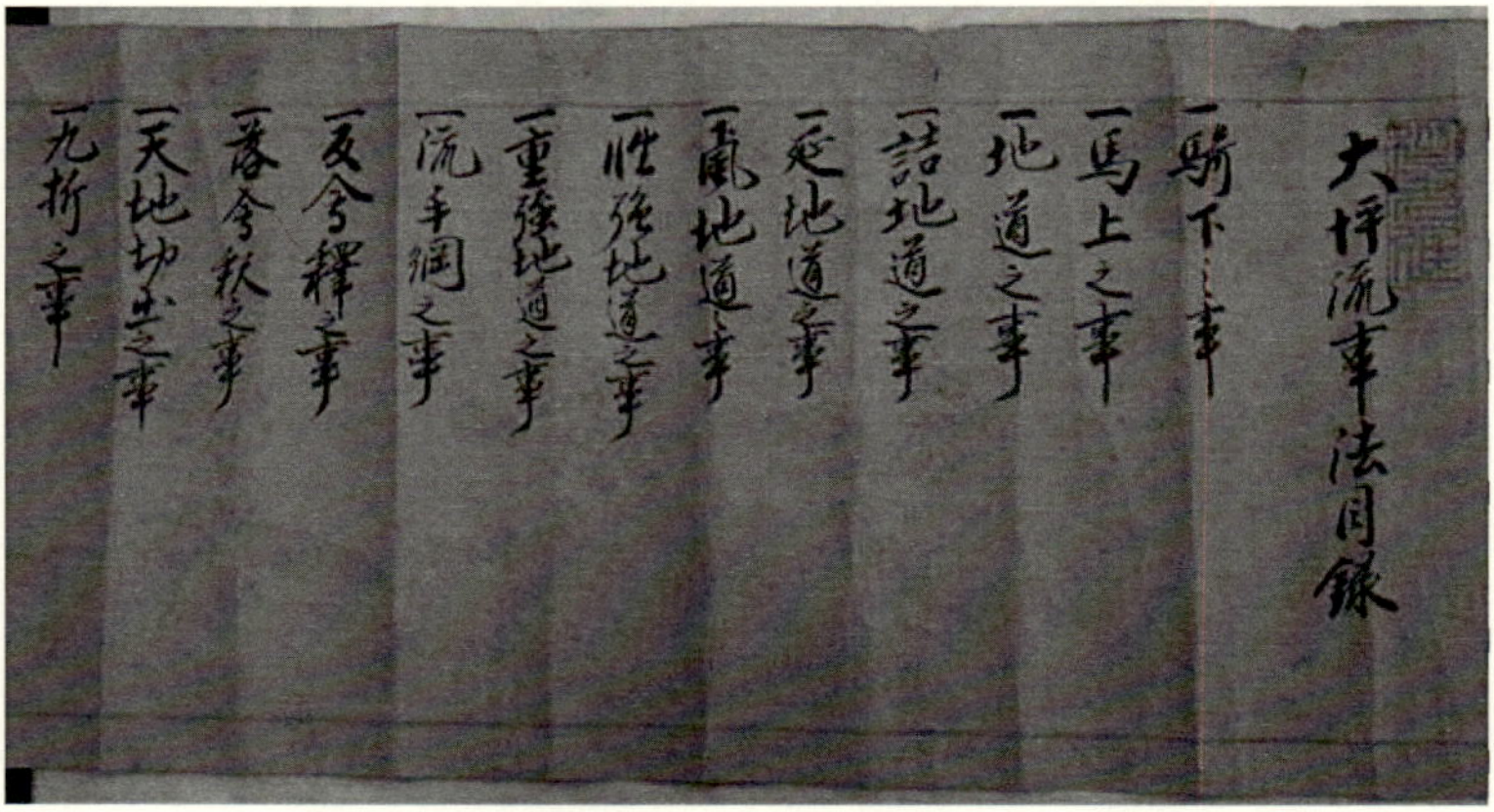
大坪流車法目録
一騎下之事
一馬上之事
一地道之事
一詰地道之事
一延地道之事
一亂地道之事
一腰強地道之事
一重強地道之事
一流手綱之事
一夏今釋之事
一落今秋之事
一天地切出之事
一九折之事

（池田家文書蔵）

一、切馬之事
一、肩出馬之事
一、轡渡馬之事
一、揚馬之事
一、蹬馬之事
一、込馬之事
一、痿馬之事
一、手移之事
一、折之事
一、小殺之事
一、大殺之事
一、上翔之事
一、中翔之事
一、下翔之事
一、鞭翔之事
一、居口之事
一、犬走之事
一、上口引様之事
一、中口引様之事
一、上角下角引様之事
一、汗合之事

以上

右六拾箇條者古来之秘術也。堅神約を以傳之杢馬より可知初中後之物与敬而可執行者也。

桑田兵太夫　久政　印（花押）

嘉永五壬子年二月吉日

大脇速之助殿

第三節　剣　術

剣術の流派には、天真正傳神道流（飯篠長威斎）、一羽流（諸岡一羽）、新陰流（上泉伊勢守）、卜傳流（塚原卜傳）、天流（斎藤傳鬼）、新陰流（柳生但馬守）、柳生流（柳生十兵衛）、一刀流（伊藤一刀斎）、小野派（小野忠常）、念流（上坂安久）、東軍流（川崎鑰之亮）、二天流（宮本武蔵）、吉岡流（吉岡憲法）、直心影流（山田光徳）、三和流（伊藤清長）、無形流（別所忠久）、北辰一刀流（千葉周作）などと非常に多くある。

麻生藩には、直心影流剣術の資料が存在しますので紹介します。（家老職の三好貞久が得たらしい。）藩の誰に伝わったかも不明。

○杉本（松本）備前守政元 ―― 上泉秀綱 ―― 奥山公重 ―― 小笠原長治

―― 神谷真光 ―― 高橋重治 ―― 山田一風斎光徳（直心影流 ――

長沼国郷
├長沼徳郷
├長沼宗郷
├鈴木藤賢
└長沼綱郷
　├長沼忠郷
　└藤川近義
　　├中村安方
　　└赤石孚祐
　　　└団野義高（団野派）
　　　　├団野又次郎
　　　　└男谷信友（男谷派）

【伝書】『直心影兵法目録次第』（三好家文書本）

八相　上断にかむりて敵をみる事自分の體を敵にやつてしまつて見事

発破　肩にとるかまえで敵をいちやぶるはざで是の発破は清眼下断にかぎらじついて此は相発破破てなければてきがきれぬ事也。清眼下断といえども皆発破のうち也。

一刀両断　相発破についしていつ事で二本目のかた也。きもはざも心も一ちして一刀両断する事也。一よりなれはさをする事なり。こてとか面とかきるならば両つする事なり。

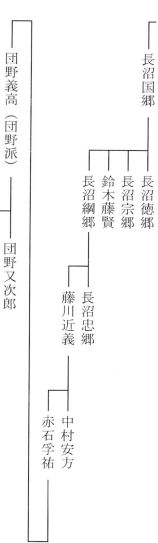

右転左転　三本四本目の肩也。きのきれるようにせつさたくまのわざ也。すこしもたいのいつかぬ所を云也。する如くなり旋もこつえんとして後にありと。

長短一味　是は長たんいおそれぬ事也。きよう中にある事でてきが長ひものを以てくるとも短剱を以て向ふとも少しも恐しず一味して勝といふ事也。是は稽古でばやいをぞんぜねばならぬ事也。

龍尾左右　初め四本のかた己は長じゃくの陣也。首らをうては尾是をすくひ中をうてば首尾ともにすくうという如くこれもきのいつかぬ事也。

面影左右　その次の四本明鏡にうつる、てきのこのをこりをみることなり。これは眼中明かならざればてきぬことなり。目付だい一でなければならぬ事也。

鋏破進退　その次の二本目のかた。これは鋏の如くつよきをやぶるには柔かなはさらいたす事也。柔より別を制すのるいでつよきくうつときはひらりとしなふやうにうけとめる事也。

松風左右　えんかい二本のかた。大てき小てきをおそれぬ事也。松といふものは大風にもあまりをとのせぬもの、微風には松林に入とどことなく風にあたるをとがするものなり。その如く大敵にもをそれづ小てきもあなどらざして勝をとる事也。

早船左右　これは急風に行事也しや二本のかたで岩ぎしと見て舟を自分と見る事也。岩岸と間を舟でとうるとあらなみに舟を岩岸えうちあてられゝばこなみじんになる。その如く敵が鋏せし丈でも以てくるてきにうかとしてうちあてらるればこなみじんにうちくだかるゝ如くその間やいを存し曲尺のとどくとどかぬところをかんようとする事なり。

曲尺　しまいのふみちがひの肩也。是はうしろに川と云ものが又は山といふものがあるときはてきをぎやくに地にいれ此方は順地に立と云事也。是はふだん稽古の上にいくらもあることなり。

圓連　これは一より十にもとる事也。六より一にもとる事はできぬ事なり。十分のわざをする事なり。是も稽古の上で一刀両断にてきをなさんとするときは二心ではまいらぬものなり。これも稽古たんれんの上はおもはぬはざできるものなり。

右口傳

陰之構之事　陽之構之事　相構之事
相心之事　相尺之事　目付之事
仕懸之事　手之内之事　横一文字之事
堅一文字之事　留三段之事
體當之事　太刀當之事　切落之事

添状

今相渡候目録條々口傳可味細に躰認して執行無怠慢御勤可有之事肝要也。若疎略にして不勤之上邪心のみ目録の弟子なと丶思ふ心の誤故結局初学の相弟子に向ひ流儀の事我心にさへ得度なきにまかせ相違の為なと申敷心は丶第一其身の本意に違ひ第二は師の命を背此大科夫何しめし玉わん乎誠可恐慢々然時は此根元の流儀は心より心にもとつく神理微妙之正理故微初にもおろそかに不得心執心の心理躰認せざれば不智正直正路にして練行修行勤之経年は口傳躰認可有之歟。至其節口訣之奥旨極上天然不測之正理可傳之也。謹而勿怠云々。

霊劔之事

母の體内にやどると云ものは天よりたまはるのでこざるからじぶんの心にくらき事がなければ明々こう々みるか丶みの如し。
神と霊と一なり。霊は人の天に稟る所にして此霊霊なるものは不論賢愚人々皆有之雖然唯為物欲汚さるにときは霊なるもの昧く虚なるもの喪ふ故に當流霊劔之大意は此天にうつる到霊明なるものを常に研磨し是に加るに撃剣之以法するに死生決断の場に臨み少も危事なり。若一点私念興る事有は必可敗也。可不慎乎、夫劍は人身之牙爪護身之為重点可崇可重也。

○目付之事

目は心の臓の所主也。故に平常稽古之節相手の両眼を目標とすれば敵の虚實悉可感通也

○手之内之事

両手持刀柄之とき堅固すぐれば鈍、柔に返れば弱し、持するとき軽く物に當るとき剛く握るべし。當流に茶巾絞の手の内と云。

○槍合太刀之事

○吟味之事

凡而武道之吟味也。木刀しなへ打にて勝を得るといへとも肝要実地之工夫無しては実用に立かたし。武篇心懸第一とすべし。

兵法傳記

凡日域之兵法稽莫原委曰、鹿嶋神流者傳言本朝将師之任起於神代而其始天照大神欲降天孫豊葦原中国之時遣経津主神又斎主神香取神是也。建雷神鹿嶋神是也。令平諸不順者矣而今以神職擬之人職天孫降臨者准征夷大将軍鹿嶋香取之両神准副将軍八百萬神恐神威而平伏之悪神悉追伐之後鎮座於常陸国鹿嶋萬世所尊崇之武神也。代武事鳴于世者皆無不宗於是神矣況乎。吾家之兵法者其先親蒙神援是以曰鹿嶋神流其後嗣々相承以異名記大略如左。

一、第一鹿嶋神流之元祖杉本備前守紀政元住于常陸国且暮奉祈鹿嶋廣前而契神慮一夜夢授賜一巻之書源九郎義経所奉納之書也。正是為神傳之故称之曰神陰流。

一、第二上泉伊勢藤原秀綱者杉本門下之正統而兵法之達人也。以鹿嶋流応恐神字改神陰而称新陰。
一、第三奥山孫次郎平公重後号休賀斎考一流之家系其先奥平家之末裔也。継上泉伊勢守兵法之正統而以住于三州奥山年尚日夜詣至於奥山産神之祈願為兵法之津梁或夜夢蒙神詫改新陰号神陰爾後舞剱如影随形敬言策門人以震威風於東海一箇無到其刃者矣。既而奉始東照神君至秀忠公及街連枝其蒙台命以奉授兵法之奥義。
一、第四小笠原金左衛門尉長治後号源信斎。兵法熟練而入唐更得妙術還奥山一派之正統也。有故改新影之名曰直新影百練精金色移鮮。
一、第五神谷文左衛門尉平真光先後号得心斎最英霊也。改真新影曰新陰直新影流伝言神則心也。新直指而竟做流之称。
一、第六高橋弾正左衛門尉源重治後直翁斎寛永而至元禄誘引門人務兵法歎派多端而混支流故直心正統吾家之流号。
一、第七山田平左衛門尉藤原光徳隠退日一風斎重治手書直心正統流的傳之印状以附属于光徳親傳於直心正統流無極之微意前顧後以改流号曰直心影流而巳矣。
一、第八長沼四郎左衛門尉藤原國郷武州江府住西久保自正徳至明和四年誘引門人鳴世久於此終使名有聞世。
一、第九長沼正兵衛尉藤原綱郷後号活然斎國郷門下之正統也。國郷共誘引門人有故移于道場愛宕下田村小路。
一、第十藤川彌司郎右衛門尉藤原近義住於江府下谷長者巷自宝暦至寛政十年能誘引門人諸侯大夫及凡門徒二千有餘故著名于東都矣。
一、第十一赤石郡司兵衛尉藤原孚祐近義的傳之正統也。安永丁酉始開式講場于江都下谷車坂方来受業者曰蓋多矣。其後居移于浅草本願寺之北寛政戊卒。師近義卒同年其男近徳早下世孫近常幼不能授業於是門生等相議而其高弟使孚祐補佐近常十三年其教導至矣盡矣。開場四十九年門徒蓋千百餘人文政乙酉秋八月卒年七十七。

一、第十二團野源之進源義高孚祐的傳之正統也。一流別号次第各宜一覧而知焉。

龍之巻

尊師曰鑑剣徳陰陽両気者勝負也。陰勝則陽退陽勝則陰退陰陽元是二気也。養其一気者自成英雄其用志之長厚長則生活物之有情至既而通三焦虚實往来之気則天地神明與物押移変動無常因敵転化耳而寔生得之雖強勇豈足恐哉、然則兵道武威之大元也。故上有宝剣朝威盛。天子親之同床幸前之止安置之御寝髻暫玉躰不於給宝剣之徳化流行而下施庶士那矧哉。於武臣夙夜帯之崇之如神霊保之如身心以武門之要器成爪牙委観其性霊有牙者喰之有爪者抓之有針者刺之類雖不教之天理自然也。禽獣如此凡人道者用何乎為爪牙哉。是則戟也。人身帯之成用事雖区専武備之肝要全無外者也。若誤而不学之者白刃絶交縦雖帯之争難成其用還而求恐乎是以舊武称兵法令入道頻為習武訓也。古人崇流義如大天地琢気者如明日月謹而勿怠云々。

稽古法定

一、仕太刀も打太刀も正に法之通可被相勤之事
一、直し儀相弟子之内にても一切直し被申間敷候。此儀堅く可被相守事
一、師會合難成所にて親子兄弟親類縁者或は入魂之中にて互に磨之為稽古制外にては無候軽我様に可被相勤事
一、稽古之節其身之暗眼心にて非を打申被由望被申候節は相弟子互に修行にて候間仕太刀よりも少破遠慮と可被申事

一、公私の障有之稽古不動のなる又は流儀念迄不参他流稽古望之衆は其旨趣被相違他流稽古可然候勿論流儀修行半途にて止申なから當流是非の批判なと被申候は第一違本意大成なる為を度之事

右五ヶ條之通能々御覚人々御心懸可被成候。此外定書一通勿論誓紙前書趣書面能々御試可為肝要者也。

月　日　　真心影流　行司所

體意

夫人性之霊学対父則仁孝対君則忠義対朋友則禮信此本心者人々固有之知而所謂明徳也。是発強剛毅謂之大勇莫所分聖愚以養之拡充為武門之業日域秋津洲文道武道雖兼備多者以武為重故我流謂修行者養彼勇而分虚實浅深以禦乱宗慈愛之心行而習五常以斎治造次顛沛怠之積切竭鍛練之工夫古曰玉不琢不成器人不学不知道謹而怠惰云々。

一、世の中徘徊する兵法者などといふものの類切組兵法構ひ勝兵法所作兵法兵法理兵法此類の者共は世間の人を病人に致し申と見へたり。

一、目有て目なきもの

一、耳有て耳聞へざる者

一、手足ふこつなる者

一、合点と云事合点

一、柔弱なるもの

一、逸なる者

一、猪牛の逸参の様なる者

右之書付之通大概兵法者など云やから或は仕太刀を主人といたし或は打太刀をは受太刀

など云之下輩の者に稽古致て候者は武士たるほどの者を病人に致し申之見へたり。直心影流は此類とは同日にも語難し。寔以雲泥萬里の異なり因節我流は仕太刀も打太刀も無差引其内結句打太刀を賞翫とす。勤てこそ勝利と相手の高下は能見ゆるなれ、然る時は修行の根元は打太刀可要なり。謹て勿怠云々。

掟

一、身の心学一生未来までの心法に有之間深謹可被相勤事。尤他学外聞を不思稽古可勤事。

一、假初に朴刀を取被申候共心を用て毛頭おろそかになき様に心をほがらかに身躰ゆたかに心意丈夫に能々謹可被申事

右三ヶ條稽古之節並に常堅く御相守可被勤之者也

稽古修行之覚悟

一、博々学て約

一、目切耳切手切

一、急々たらり〳〵急

一、仲の自然と容の出来するごとく

一、赤子の成人草木の成長

右深心底徹肝要也

法定

抑直心影一流可稽古修行者先以従根元志立従誠至于實以實為理以理為實亦以理為所作也。謂形者前後左右于不片寄地不居着亦不軽而可勤之謹而勿怠云々。

曰

一、合点といふ事と合点する事
一、卵子の事
一、赤子の成長の事
兵法は立するさきの勝にして　身は浮島の松の色かな
我流は行えもしらすはてもなし　いのちそかきり勤なりけり
此道の道すじしれる人もかな　まことの目より實しらなん

法定奥書

右法定の書面能々御覚可有之候。流義修行位により合点可被仕候。尚口傳可申達候惣じて相弟子はおしなべて兄弟にては昆弟の中にて猥に孝悌の義を忘れて雌雄を論ずることあらんや。尤耻敷義なり或はなたを亡し罪を罰し候節邪気我慢の怒気を治んがため不断稽古修行にて候。寔以一生冥暗を照し候もの也。穢土を去ても魂一霊の神にても心法心行に至らんと思ひ候共勤なるを浅く軽く打合たゝき合のごとく思ひては中々以流儀の本心正利は得かたかるべし。弥深く信仰して二六時中行住野外心を用て可被勤者也、慎て勿怠云々。

稽古をは勝負するそと思ひなし　勝負は常の稽古なるべし
稽古とは勝負によらず法定の　序を肝要之勤べきなり

兵法起請文前書

一、直心影流御弟子被成辱奉存候。御相傳之義聊以他言仕間敷候。御相傳被下候巻物等不慮之節者返進仕候様兼而可心懸置事。
一、朝暮心懸対理御為悪敷義仕間敷候。勿論御口上被御聞無之以前他流猥試等間敷事。

一、無理成殺生仕間敷候附他を非謗仕間敷事。
一、為相弟子就稽古之義口論仕間敷事。
一、如口傳雖為主人遠慮仕間敷事。
右之條々於相背者、
梵天帝釋四大天王惣而日本國中大小之神祇殊伊豆箱根両所権現三嶋大明神八幡大菩薩摩利支尊天氏神神罰冥罰各可蒙罷者也。仍起請文如件。

理歌

兵法は武富ややまとだけ　不動多門の勢としれ
天下泰平なれは敵もなし　自然のあるは自戒なるべし
うつ事を打とや人の思ふらん　打はうたぬに切らぬ切られん
念もなく思もあらず空々の　有と風勢の行えなりけり
勝負とは躰と〱を合せつ丶　肉身よりも切先を出せ
體と太刀一致にうれて圓丸に　心も丸く是ぞ一圓
雲霧は只中空の転変ぞ　うへは常住すめる日月
悪敷とは受付表裏飛はぬる　至極はか丶れ先はごく楽
極楽とおもふ心の迷いつへ　さいと成る佛とけ廻ものや
目には見て手には取られぬ水の中の　月とやいはん流義なるべし
思ひなくまた恐なき心あらば　虎さへ爪を置處なし
聞もせず見もせぬ人に逢とても　あふは根元其事にしれ
峯の松谷の枝木いかなれば　おなじ嵐の音がわからん
勝負とは引しぼりたる梓弓　はなちてもなをはなちても猶

立さらん先の勝とは大空の　自己を忘ず無甚無想ぞ
一勺三百篇といふ時は　た丶幾度も懸に帰るべし
不器用も稽古を常に嗜るは　器用の人を押して行べし
数器覚用ありて稽古をはやみなば　さながら鬼にかなやざる悖々
見ぬ人に何とならん難波江の　みてたに更に言の葉もなし
業藝はわざを怠るその隙に　理のみ長じて下手になりけり
理は業の中に有こそ實の理　理わざふたつの物にてはなし
吹風も雪もあられも咲花にも　勤るわざの工夫とはなる

右理歌二十余首以口傳可明之者也。

右者直心影流究理之巻雖為秘事足下数年流義深信仰御修行因不浅依之今令傳授之畢。聊他言他見有之間敷者也。

鹿嶋神傳十三代

第四節　柔術

柔術は、主として徒手によって相手に対する武術の一種といわれるが、その流派と始祖には、荒木流（荒木無人斎）、起倒流（寺田正重）、渋川流（渋川義方）、制剛流（水早信正）、関口流（関口氏心）、竹内流（竹内久盛）、夢想流（夏原武宗）、揚心流（秋山義時）などがある。

麻生藩へは、起倒流の柔術が伝わった。

起倒流、正称は乱起倒流、起倒乱流といい、流祖は茨木又右衛門俊房で宗然、専斎と号す。福野正勝（友善とも）が、柳生家の茨木俊房と共同して良移心當流（俗に福野流）をおこした。茨木俊房は良移心當流を新しく起倒流（起倒乱流とも）名付けたが、起倒流になってからは和術のほかに居合、鎧組打、棒、陣鎌などを総合した。寺田正重に伝わり直信流柔道と称すと共に組討の祖となった。

○茨木専斎俊房 ― 福野友善 ― 寺田定安 ― 寺田頼重 ―

― 寺田正重 ― 寺田定次
　　　　　　　 吉村扶壽 ― 堀田頼康 ― 滝野貞高
　　　　　　　　　　　　　　　　　　　 寺田正浄 ―

― 滝野貞固 ― 滝野吉重
　 滝野貞恒
　 鈴木邦教
　 長正 ― 鈴木政右得門重峯 ― 鈴木伴次郎重有 ―

― 大脇駒太郎
　 大脇久兵衛

【伝書】『起倒流 天巻』　　（池田家文書本）

起倒は、おきたおるゝと訓す。起は陽の形倒は陰の形也。陽にして勝陰にして勝弱にして強を制し柔にして剛を制す。吾力を捨て敵の力を以勝不然して吾力を頼み我力を出す。心あらば勝利不全勝利全き處の貌は敵に随て変する共吾心不動にして正静なるときは不可有不得利。當流に本體と云事を始にしめす。本体とは何を云なれば心裏虚霊にして神気不動貌をさして本體と云。敵に対するに爰に敵ありと念の起るときは動するもの顕る動するに至ては一身むなし敵と見て然も心不動虚霊にして安く対する處本体そなわれる也。是を不動智と云平生の神気不動の工夫熟得肝要也。神気不動にして敵に対するは敵気を呑て迷ふ爰を先を取共云、たとへば敵より先にとりつきても吾神気不動なれば敵速に事をなすことあたわず然るうえは勝利たしかにあらずや。

一、風　水　智　音
一、目　附
一、起　居　心
　須　掌　静　謐

起倒流多年之執心不浅依修行雖為當流秘事令天巻許写者也。假令為親子兄弟膠漆友共敢謾不可漏者也仍如件。

正敏
慶弘
正範
正辰
正重

扶壽
頼庸
貞高
長正
鈴木政右衛門重峯印（花押）

文化五辰年八月吉日

鈴木伴次郎重有印（花押）

大脇久兵衛殿

【伝書】『本體』（池田家文書本）

本體者体之事理也。専離貎扱気不得正理己不知扱気静貎至所得静気敵之強弱能徹強弱通達則千変萬化無不制敵是則中虚實為本務体之正己故本體云爾。

右當流不浅執心依修行雖為秘事本體巻令傳授畢。假令為親子兄弟膠漆友共敢謾不可漏者也仍如件。

正敏
慶弘
正範
正辰
正重
扶壽
頼庸

貞高
長正
鈴木政右衛門重峯印（花押）

文化六巳年六月吉日

鈴木伴次郎重有印（花押）

大脇駒太郎殿

【麻生藩武術年表】

天明五年十月、木村金吾、長井昌豊より『本體』を伝授
寛政三年三月九日、三好貞久没（七四）
文化五年八月、大脇久兵衛、鈴木重有より『起倒流天巻』を伝授
文化六年六月、大脇駒太郎、鈴木重有より『本體』を伝授
文化八年四月、新庄直計、島並熊野神社へ金的奉納
文化九年六月、大脇駒太郎、鈴木重有より『起倒流天巻』を伝授
嘉永三年正月、今井醒一郎、島並熊野神社へ奉額
嘉永五年二月、大脇速之助、桑田久政より『大坪流事法目録』を伝授

第二章　下館藩の武術

下館藩は、真壁郡下館（現在の筑西市）周辺を領有した譜代中小藩である。

中世以来、下館の地は水谷氏の支配する所であり、近世初頭は水谷勝俊（外様大名）が下館城主として三万一千石余、その子勝隆は慶長十一年（一六〇六）父の遺領を継いだとき三万二千石、寛永七年（一六三〇）高直しにより四万七千石を領有した。十六年勝隆は備中成羽に移封され、水戸頼房の長男松平頼重（家門）が五万石で入封、十九年讃岐高松に移封移封したので、一時廃藩となる。寛文三年（一六六三）三河西尾より増山正弥が二万石で入封し、再び立藩した。元禄十五年（一七〇二）正弥は伊勢長島に移封となり、丹波亀山より井上正岑が五万石で入封するも、下館の城地は狭く不便であったので、僅か二十八日で笠間に転出、黒田直邦が一万五千石で入封、直邦は享保十七年（一七三二）上野沼田に移封し、伊勢神戸より石川総茂が二万石入封し、石川氏の領有するところとなった。

石川氏は、総茂のあと、総陽－総候－総弾－総般－総親－総承－総貨－総管と九代、百四十年にわたり在封した。

下館藩の武術については、『藩史大事典』によれば、

弓術は堀内又兵衛

柔術は郡甚五左衛門

棒術は星藤兵衛

捕手は飯富権六

とあるが、伝書、記録などは見当たらない。

第一節　兵学・軍法

兵学は、兵法、軍学、軍法ともいい、用兵・戦術に関する学問である。戦闘に出陣するに際して将たる者は軍中の士卒が守るべき規律として軍令を定め、軍令を犯す者を処断する法を軍法と称した。

流派は、大きく甲州流と越後流に分けられるが、その流派と始祖は、甲州流（小幡景憲）、北条流（北条氏長）、山鹿流（山鹿義矩）、越後流（澤崎主水）、氏隆流（岡本宣就）、謙信三徳流（栗田寛政）、佐久間流（佐久間立斎）などである。謙信流、越後流、信玄流、山本勘助流、楠流、佐枝流、長沼流など多くの流派が存在した。

下館藩へは、加治伝の要門流の軍法が宮田景興から伊藤彦太夫に伝わった。

謙信流という軍学は、上杉謙信を流祖とするもので越後流とも称し、宇佐美伝（宇佐美駿河守定行）・加治伝（加治遠江守景英）・日本伝（上杉民部大輔義春）に分派して広く伝わった。

○上杉謙信
- 宇佐美駿河守定行
- 加治遠江守景英 ― 加治景治 ― 加治景明 ―
- 上杉民部大輔義春

澤崎重孝
澤崎景實
高松正朝
依田英信
長谷川景重
大河内重方
佐久間景忠
佐久間定矩
宮田十郎左衛門景興
宮田景豊
伊藤彦太夫

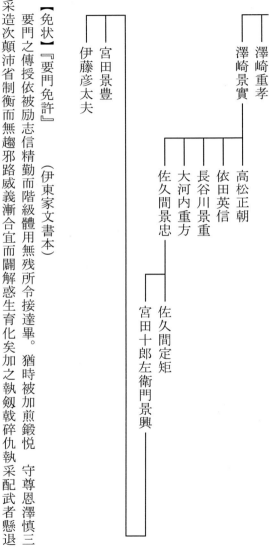

【免状】『要門免許』　　（伊東家文書本）

要門之傳授依被励志信精勤而階級體用無残所令接達畢。猶時被加煎鍛悦　守尊恩澤慎三采造次顛沛省制衡而無趨邪路威義漸合宜而闢解惑生育化矣加之執劔戟碎仇執采配武者懸退行神変挫諸敵忽現而為主将羽翼事全倶胸襟而已事公則為貞忠臣在家者為真孝孫於是弓馬之業御成就素懐最珍重至也。向後要門帰依将士於有之者任先規例以神文盟戒被耀正統萬世事且可通武尊示恩報謝全放埒之授與不可有之者也。仍傳統令免許所之状如件。

上杉管領入道
不識院謙信輝虎朝臣
宮田十郎左衛門景興　印（花押）

宝暦五乙亥年九月

伊東彦太夫　殿

第二節 馬 術

馬術は、馬を乗りこなし、活用する術で、それは古墳時代に溯るといえよう。江戸時代になると平和の世の中となり馬術の実用価値が減退したものの、武士の最も尊重した武芸として重視され、特に上・中級士の必修技とされた。

流派と始祖は、大坪流（大坪慶秀）、大坪本流（斎藤定易）、佐々木流（佐々木義賢）、上田流（上田重秀）、荒木流（荒木元清）、八條流（八條房繁）、新當流（神尾織部）、新八條流（関口信重）などである。

下館藩へは、大坪本流、八条流の馬術が伝わった、

大坪本流の祖は斎藤定易で、大坪流八代斎藤辰光に学び、五馭の法を編成して著述のほか伝書を残した。庄三郎、のち主税と称し、延享元（一七四四）年八月十七日、八十八歳で没した。

元禄頃に大坪流に基づき、斉藤定易が開く。教則を正し、百数十種の伝書を揃え、常馭術・相馭術・礼馭術・軍馭術・医馭術の五種に組織して近世馬学を大成した。

○斎藤主税定易
- 前田傳治郎演長
- 久保田宗順弘道

飯野端立恒忠
高山喜六元堅
斎藤小太郎定賢
斎藤主税定兼
山中善左衛門近宣
丸佐助義鄰――牧十右衛門

【伝書】『大坪本流遠乗桜狩秘傳』（牧家文書本）

一、槝栗　二合
一、餅米　二合
一、糯米　二合
一、芡實　壱両
一、山薬　粉　壱両
一、大豆　天日にてかわき之時分粉におろし用
右五色調合仕候是を二合喰と云也
　装束武用次第
一、鞍　随分軽きを用
一、鐙　不断に一寸長に踏也　御六吉とす、七百目位吉、小方成を用
一、押懸　古きが吉
一、切付襟付
一、轡　七拾目位

一、替轡同　　　　是者常にても軽きを用
一、桜狩馬緬
一、あをり　　　　板也
一、遊之縄
一、百里水口吉
一、千里水口　　　塩こもにて作る
一、二重腹帯
一、軍袋
一、梅金丹
一、ぼれい
一、うる米
一、筆入水入
右二十三箇條者當流義家の武陽也。数度丹精依大望令相傳者也。
大坪九世之孫　鹿嶋流之大統　斎藤主税藤原定易
丸佐助藤原義鄰
享保十三戊申年九月廿八日　　　等水軒　印（花押）
牧十右衛門　殿

一方、八条流は、高麗八条流ともいい、流祖は、天文年中の人八条房繁。修理亮房重ともいい、小笠原流馬術を小笠原民部少輔植盛に学んだ。また房繁の子六郎朝繁から八条流を称したともある。

結城藩へは、高原直定より牧甚五兵衛に八条流の馬術が伝わった。ただ伝系に名前、前後などが少々違っているが、奥書によりそのまま記す。

○八條近江守房繁――八条昌勝――高倉院――中山忠明
――中山定重――中山直好――加持直範――加持直守
――加持直照――岩淵重次――岩淵持次――高原直定
――牧甚五兵衛

【伝書】『高麗流八條手綱目録』　（牧家文書本）

一、貴人御前之事
一、四節乗様之事
一、過去之事
一、現在之事
一、未来之事
一、陰之事
一、陽之事
一、眞之鞍之事

一、目付之事
一、一文字鐙之事
一、方府返之事
一、八文字鞍之事
一、手移之事
一、右曲手綱之事
一、左曲手綱之事
一、片切之事
一、行之鞍之事
一、外八文字鐙之事
一、順之手綱之事
一、逆之手綱之事
一、切返之事
一、打切之事
一、しめ返之事
一、押手綱之事
一、すえ流之事
一、論之事
一、伏こぶしの事
一、立こぶしの事
一、大角之事

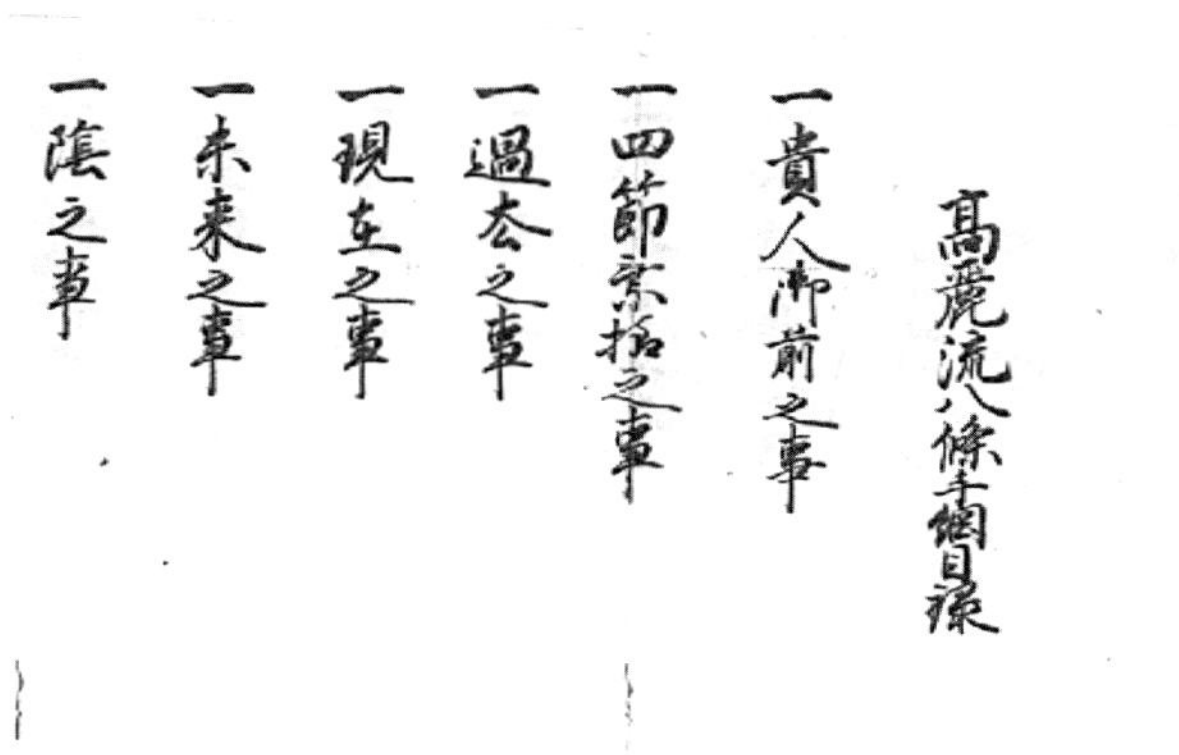
高麗流八條手綱目録
一貴人御前之事
一四節宗指之事
一過去之事
一現在之事
一未来之事
一陰之事

（牧家文書蔵）

一、小角之事
一、つきほこしの事
一、岩砕之事
一、鶴之羽重之事
一、胞かひはし之事
一、木の下之事
一、序破念之事
一、からみの鞭之事
一、揃切之事
一、右曲返之事
一、左曲返之事
一、込馬直様之事　口傳多し
一、向詰之事
一、手之内十文字之事
一、天地之手綱之事
一、包手綱之事
四拾五箇條　以上
右當流手綱箇條目録雖為秘書令傳授候。以後依執心與執行可令相傳者也。
寛政十一巳未年七月　高原右仲直定　印（花押）
牧甚五兵衛　殿

【伝書】『高麗流八条秘密之巻』（牧家文書本）

息命丹

一、りろ三両三いろにして
一、龍脳壱両　一、犀角三分
一、沈香壱両　一、人参壱両
一、千香弐両口傳生壱両焼壱両
一、白求貳両　一、辰砂壱両
一、木香貳両　一、安息貳分
一、焇焇貳分　一、かんすい石三分
一、丁子三分　一、香附子壱両
一、くれんひ三分　一、かりろく三分
一、ひはつ壱分　一、石菖根壱両
一、小黒焼弐両　一、芍薬壱両
一、梅肉五両　一、大唐黒焼一分
一、日本黒焼壱分　一、烏虵黒虵壱両
一、蘇香油五両

右の乳に合銅鍋にて火の上に置そろ〳〵くさヽもねはりも失たるとき塩をいれさますべし。密湯せんいしてよくねりさまして橅香油梅肉合薬を合練べし。あかね黒焼壱両入口傳。

右者騎方為秘傳令相傳者也。

高麗流　八條近江守房繁
同左衛門太夫昌勝
高倉院
中山大和守忠明
同勘解由左衛門定重
同下野守直好
加持勘三郎直範
同丹波守直守
同勘之丞直照
岩淵加兵衛重次
同十左衛門持次
高原右仲直定

第三節　剣術

剣術の流派には、天真正傳神道流（飯篠長威斎）、一羽流（諸岡一羽）、新陰流（上泉伊勢守）、卜傳流（塚原卜傳）、天流（斎藤傳鬼）、新陰流（柳生但馬守）、柳生流（柳生十兵衛）、一刀流（伊藤一刀斎）、小野派（小野忠常）、念流（上坂安久）、東軍流（川崎鑰之亮）、二天流（宮本武蔵）、吉岡流（吉岡憲法）、直心影流（山田光徳）、三和流（伊藤清長）、無形流（別所忠久）、北辰一刀流（千葉周作）などと非常に多くある。

下館藩には、幕末であるが、桂井三光流という流派があった。祖は玉水八郎、のち勝兵衛といい、真壁群大国村の人で下館藩士玉水勝兵衛則定の養嗣子となる。養父は北心一刀流を学び、のち加波山の神に祈ること三年、遂に岩窟を切りひらいて宝刀を得、大悟して日月星を表して桂井三光流と称す。

○玉水勝兵衛則定――玉水八郎――玉水則道――玉水嘉一

第四節 槍術

槍術は槍を使う武術で、大きく分けると直槍と十文字槍になる。その流派には、宝蔵院流（覚禅房栄胤）、中村派（中村尚政）、無邊派（大内無邊）、健孝流（伊東紀伊守）、富田流（富田半生）、佐分利流（佐分利重隆）、本間流（本間昌能）、神道流（石野氏利）、樫原流（樫原俊重第三節）、本心鏡智流（梅田治忠）、大島流（大島吉綱）、種田流（種田正幸）、一旨流（松本利直）などがある。

下館藩へは、大島流の槍術が伝わった。

大嶋流祖は、大嶋吉綱。天正十六年生まれ、通称を新八、のち雲平、隠居後伴六といった。美濃の人、横江矢右衛門の次男で、大嶋光義の養子。幼年より四方に遍歴し槍術を学び、独創して大嶋流を称す。関ヶ原の役に前田利長にしたがい軍功があって、二百五十石。のち浪人して、寛永十一年柳生宗矩の推薦で紀州徳川家に仕え三百石、のち七百五十石。

正保三年隠居して伴六と称し、安心と号した。明暦三（一六五七）年十一月六日没す、七十歳。

○大嶋伴六郎吉綱 ― 大嶋常久 ― 大嶋守正
　　　　　　　　└ 大嶋高堅 ― 大嶋典明 ― 大嶋典通 ―
　├ 大嶋英優
　├ 池田條兵衛直武 ― 松岡唯右衛門重保
　└ 上牧清守

【伝書】『大嶋流鎗術』（上牧家文書本）

表

一、一鎗劔　　一、本身返

一、花車　　一、左転

直鎗合

一、波分　　一、磯波

一、反雲　　一、千鳥

薙刀

一、切甲　　一、向詰

一、浮舟　　一、八重垣

一、大詰

鍵

一、組突　　一、冠留
一、頭防袚　一、違突
一、引身　　一、行合
　四面一九重之形
一、拾参本

大嶋流鎗術第一祖
　紀州和歌山紀伊國召仕
　　大嶋伴六吉綱
適傳第二世
　同
　　大嶋雲平高堅
三世
　同
　　大嶋以心典朗
四世
　同
　　大嶋雲五郎典通
五世
　勢州桑名松平下総守召仕
　　池田條兵衛直武

常州下館石川近江守召仕
松岡唯右衛門
安永四年乙未七月　　　重保　印（花押）

第五節　砲術

銃砲、火薬を用いる武術で、天文十二年八月大隈国種子島に来航したポルトガル人によって鉄砲と火薬が紹介され、その操法が伝えられたのに始まる。

流派と始祖には、田付流（田付景澄）、井上流（井上正継）、津田流（津田算長）、田布施流（田布施忠宗）、稲富流（稲富一夢）、霞流（丸田盛次）、関流（関文信）、長谷川流（長谷川一家）、荻野流（荻野安重）、武衛流（武衛義樹）、中島流（中島長守）、自得流（大野久義）などがある。

下館藩へは、荻野流の砲術が伝わった。

種子島流の砲術を伝えていた荻野家の四代の孫である荻野安重が、家伝を大砲に応用して早打乱玉という技を創案し、浜松藩主本多豊後守に仕え（中小姓、三百石）たが、正保元年浪人となり、弟の正辰と相談して正木流その他の砲術十二流派を極め、大成して「荻野流」を称した。寛文七年岡山藩主池田光政に仕え（二百石）、再び浪人となり、のち明石藩松平若狭守に仕えて（三百石）、元禄三（一六九〇）年六月七日七十六歳にて没した。

○荻野六兵衛安重――荻野照清――荻野照良――荻野照永
　　　　　　　　　　　　　　　　　　　　　└安田良助碧山――桜井経徳
　　　　　　　　　　　　　　　　　　　　　　　　　　　　　└牧十右衛門

【伝書】『目録』（牧家文書本）

荻野流銃術甚五兵衛殿年来依御執心極意ヶ條共不残御相傳申置訖然処御返却之儀者兼而御誓約ニ者候得共猶亦御懇望有之ニ付右書物御修行相募候迄不及御返却候条深御懇望衆中相互御誓約之上御技見可被成候猶乗間断御執行於有之有追而御相傳可申者也仍如件

荻野流三代照良門人
安田良助知応　印

文化十四丁丑年十一月十七日

牧十右衛門　殿
渋谷柳助　殿
加納弥五郎　殿

【伝書】『荻野流炮術稽古次第』（牧家文書本）

第一

一、小筒矯前稽古之事膝座立放
一、硯見稽古之事星ヲ下打ト云
一、小目当稽古之事角取ト云
一、三拾間胴形三丁目当稽古之事
一、早合込替打稽古之事
一、備打稽古之事
一、立放に口合込替間百放打之事
一、小筒目録之巻相渡ス

第二

一、種ヶ嶋稽古之事並棒巻矢之事
一、刀量之相応ニ寄て御目より三十目五十目小筒稽古之事
一、同三百放打図之事
一、直し旨書相渡ス
一、抱五拾ヶ條希書相渡ス
一、先師安重明名を被召出一件之書相渡ス

第三

一、天地之巻
一、鉄砲伝来之書
一、小筒玉直正道直し図
一、相渡ス右小筒抱之記を相談渡ス
・大筒稽古之次第

第四

一、小町矢玉稽古小屋入許之事
一、玉町稽古之事
一、小町棒巻矢稽古之事
一、焼薬貳百目寸棒巻矢稽古之事
一、棒巻矢末一込より廿丁目迄稽古之事
一、同上迄町より□関町迄
一、略旨矢炮縁稽古之事
一、大筒ヶ條傳様之事
一、荻野流門人心得書相渡ス

第五

一、相図矢揚稽古之事
一、五町打縁玉稽古之事
一、八町　同断
一、拾町　同断
一、矢炮縁稽古之事
一、焼薬三百目五拾目迄棒巻矢稽古之事

第六

一、大筒免状之巻相渡ス並棒巻矢之書相渡ス
一、正道之図相渡ス
一、玉揚相図稽古之事

一、相図个整之巻相渡ス
一、関町矢炮縁之事
一、神物水巻之書相渡ス
一、照法先生備中足守にて打扣抜書
一、荻野流矢揚玉揚秘書渡ス
一、炮縁極書渡ス

第七

・極意別神文
一、巻流鋳造立書並切形
一、百ヶ條内極意聞書
一、玉町早打四人手傳之事　五寸打
一、棒巻矢　同断　同断
一、乱玉　同断
一、乱巻矢　同断
一、船打　一寸打
一、〆目玉筒にて矢玉打方
一、紙炮にて炮縁打方
一、一〆目玉より五拾〆目玉炮縁打方
一、一〆目玉より五〆目玉迄五町打方
一、貫目以上玉薄キ□にて玉町打方
一、鉄縁中発打方

第八

・皆傳

一、神門傳

一、鉄炮極意秘伝書短筒打方

一、炮導秘鑑又ハ式問と云

一、調積集星中集口傳書

なお、慶応三年（一八六七）十二月の「荻野流砲術場格」には、

師範 牧志摩

皆傳 佐々木孫助

極意 今井藤太

大筒免状 高橋元右衛門、田中佐左衛門

種ヶ島免状 高木権兵衛、星野右門、玉田束

小筒免状 佐々木米吉、高木三鶴、中川貴右衛門、

高田尉右衛門、鈴木源八郎　の砲術家の名がある。

【下館藩武術年表】

享保十三年九月廿八日、牧十右衛門、丸義鄰より『大坪本流遠乗桜狩秘傳』を伝授

寛保元年十一月二十二日、馬術家牧正實没（五一）

宝暦五年九月、伊藤彦太夫、宮田景興より要門免許
安永四年七月、松岡重保、池田直武より大嶋流槍術免許
寛政二年十二月二十三日、馬術家牧正扶没（五八）
寛政十一年七月、牧甚五兵衛、高原直定より『高麗流八條手綱目録』を伝授
文化三年七月十日、馬術家牧正達没（）

第三章　結城藩の武術

結城藩は、結城郡結城（現在の結城市）周辺を領有した譜代小藩である。

元禄十三年（一七〇〇）能登西谷一万石水野勝長が、領地を結城、上総国武射、山辺三郡内に移された。これが結城藩の起こりである。勝長は翌年武射、下野国芳賀、常陸国真壁、茨城四郡内において五千石を加増されて、一万八千石を領有し、居城を築城して立藩した。水野氏は、勝長のあと、勝政ー勝庸ー勝前ー勝起ー勝剛ー勝愛ー勝進ー勝任ー勝知ー勝寛と十一代、百七十年にわたり在封した。

第一節　兵学・軍法

兵学は、兵法、軍学、軍法ともいい、用兵・戦術に関する学問である。戦闘に出陣するに際して将たる者は軍中の士卒が守るべき規律として軍令を定め、軍令を犯す者を処断する法を軍法と称した。

流派は、大きく甲州流と越後流に分けられるが、その流派と始祖は、甲州流（小幡景憲）、北条流（北条氏長）、山鹿流（山鹿義矩）、越後流（澤崎主水）、氏隆流（岡本宣就）、謙信三徳流（栗田寛政）、佐久間流（佐久間立斎）などである。謙信流（上杉謙信）、信玄流、山本勘助流、楠流、佐枝流、長沼流などと多くの流派が存在した。

結城藩へは、越後要門流（謙信流加治伝）が伝わった。

○上杉謙信輝虎 ─── 宇佐美定行（宇佐美伝）

加治景英（加治伝）――加治景治
上杉義春（日本伝）

加治景明――朝倉景實――長谷川景重
　　　　　　　　　　　鈴木定賢――茂久景泰
　　　　　澤崎景実――佐久間景忠

市　景難――市　景當――猪瀬忠之――山脇正準

水野波門勝澂――小林順之助

秋山光俦――江川忠菊（景忠）――江川忠隆（景幹）
　　　　　和田兵太夫方正

桑田弥三郎将博（景博）――中田佐太六
　　　　　　　　　　　　三宅源三郎
　　　　　　　　　　　　大吉辰三郎
　　　　　　　　　　　　岡本孝蔵

桑田将博（景博）は、弥三郎と称し、のち景博と改名。加藤某家より養嗣子。博識強記文武両道に精通し武芸十八般の極意を究め免許皆伝の秘術を収授し藝事奉行、兼武芸指南番

役。後家老職に栄進し、天保九年七月十五日没す、七十歳。顕明院融誉法入清日運居士。

【書状】『覚』（桑田家文書本）

要門之流日頃就懇望今度申出候処承知之旨令怡悦候。然者誓詞前金之趣相慎無翰怠可令出精者也。

文政五壬午年正月廿一日　　雄之進勝周（花押）

桑田彌三郎 殿

【伝書】『兵学伝書』（小林家文書本）

七足変唄切紙

當家破軍総真倶裡也。出陣之時此作法則無恠気夭相之障自心堅固而為無畏剛弼者也。

先水之印遠結武泥歌曰

婆佐良陀那判字能水之清計禮伐

結武耐賀久留阿昆楽宇旡劔　　三返

右三唄畢而合掌

天竺及水無島之加羅手水

悉皆草木古禮曽蜂音都水

次外縛軍神之咒文曰

軍神軍旅　戦場常在

所見善悦　護身勝運

右之咒文唱満而何時も左足より可踏貪臣禄文鹿武破と唱行メ七足踏也。則是調前半後と云。

右當家秘事也。不実之人努々不可傳者也、仍而如件。

司令傳

一、鎗前壁書之事

卒令傳　二ヶ条

一、鎗尺之事

一、矢入之鏑之事

一騎傳　三ヶ条

一、組討　容裔　蹴返　鎧通

一、脱飛鎗　鎗之懸抜

一、遮神劔　太刀之位打

號令傳　二ヶ条

一、定書認様之事

一、忍文之事

右各以別儀令傳授畢。猥不許他言者也。

上杉管領入道

不識院謙信輝虎朝臣

加治遠江守景英

加治沙弥万休齋景治

加治竜爪齋景明

澤寄主水入道景実

佐久間頼母助入道景忠
市五郎兵衛尉景雞
市至楽斎景當
猪瀬輌夫忠之
山脇治右衛門正準

文久二壬戌年六月勝軍日
小林順之助 殿

第二節 弓 術

弓術の流派は、大きく分けると礼法・騎射系統の小笠原流と武射系統の日置（吉田）流に分けられ、日置流はさらに細かく分派した。その流派と始祖は、小笠原流（小笠原貞宗）、日置流（日置正次）、吉田流（吉田重賢）、出雲派（吉田重高）、雪荷派（吉田重勝）、左近右衛門派（吉田業茂）、大蔵派（吉田茂氏）、印西派（吉田重氏）、竹林派（石堂如成）、大心派（田中秀次）、寿徳派（木村寿徳）、道雪派（伴一安）、山科派（片岡家次）、大和流（森川秀一）などである。

結城藩へは、日置流印西派の弓術が江戸末期に伝わった。

吉田重氏を祖とする流派である。彼は葛巻源八郎といい、一水軒印西と号した。吉田重綱の女婿で、義父更に吉田業茂に日置流の弓術を学び、奥旨を究めて妻の姓を継いで吉田一水軒印西と号して一派を開いた。結城秀康、松平忠直に仕え、元和元年徳川家に仕え五百石、寛永十五（一六三八）年三月四日、七十七歳で没した。

○吉田一水軒印西（重氏）
- 吉田重春
- 吉田貞氏
- 吉田重儀
- 吉田定勝
- 長澤光忠
- 渡辺吉房
- 湯浅久勝 ― 中村正勝
- 吉田印庭
- 岩崎半兵衛久重
  - 岩崎久勝
  - 尾崎仁右衛門重元 ― 小野寺通年 ― 嶋川浮利 ― 吉田久利（嶋川東之助）
    - 吉田利郷
    - 吉田利和
    - 小林順蔵宜兄 ― 酒井九郎八
- 小原光俊

茂野喜内
三木尹之助
小田清信――小田清貞――湯浅二徳豊連――酒井嚮正徳

【伝書】『日置流印西派射術教之巻』（小林家文書本）

足ふみと云事は、股腰強くきびすをうかすつまさき強く八文字を踏てたるまざるを足ふみと云也。五の胴と云は前へ懸りたる胴にてもなし後へ引のたる胴にてもなし弓手へかゝりたる胴にてもなし。股腰強く射る馬のしんの鞍のごとし。此心持を用る或はかたひ鞠をほうちうなとも此明也。五倫の体を第一ひようにて石を組たるゆへ引ことし。其心にこしをおり或は家を作り納る如し。亦堂宮を建ても供養せす。其儘宝は神も佛も其堂へ移事かたし、心によく内のかねのあたる事を修練有べき事也。

昔日置流の團三郎と云ものあり。深山にこもり谷川に身をひやし弓の心を考ひある所へ吉田道甫参り汝何ものとありければ團三郎答曰我心をすまし弓学一流壱へんの所きん学を究と云、汝は此所へ来る事あやしと有ければ道甫答曰我弓の心たとひはへうゆう亦は花ほるも弓の心もうとうおとらしと云也。其俄において其方へくるべし法事弓の我手度其上にて一流と可定と云て引入て團三郎に弓術稽古ありてより身を去りあらきをさしやめ強みを専とあみたてく是日置流吉田流共是より云事也。されば行も胴之事團三郎射たる胴つめ也。第一強みをとり其儘せうらくをかきさらにもかまはず弓手妻手にも弓を引此上の大事はちようし拍子あひと云う事大事也。是はくしん亦籠城杯にて矢数はなつ時に第一と用る事也。雖然道甫答曰いや籠城杯或は鏜おう時は十までは射れましきと云亦野あひ杯にては我は心に任せ五百も千も行の納にては可恐と云口傳。
一、惣の胴と云は、先つくはい或はくり矢亦は総てもをきちてもつよみを以矢つよにはなつを是を惣の胴と云なり口傳。
一、罪構の事は、弓手のこぶしを四寸の身の真中かけとりて口弦あい四寸いはなしつるおさめ先手も其身にかねはつけさるを弓構と云なり口傳。
一、たつ一の事は、弓引込て身に少しもまかそしてまんむきより直に見ゆるを云なり。横一の事は、弓引込て弓手勝手と一文字たる様になるを云也口傳。
一、十文字の事は、竪横共に一文字のかね也。あへ向より見るに十之字たる様に見ゆるを云也口傳。
一、うちおこしの事云は、弓より起すにてもなし弦より起すにてもなし。其身の至さる様にうちおこしたるがよし。本はつ身に添ふはうすることのなく口傳多し。
一、引様之事と云は、弓をも弓をもひかず弦をもひかず或は大工の壷かねのごとく身にすりつけて引たるもあしき也。肩口よりつるあへ四寸成ごとくとつて弓手へたるます妻手へもたるますいとく強くひつはりあひを引様にと云あまた口傳。
一、にしかたの事と云は、人のかたちを学はあしく只吾形之註くを考へりきみなくよはみなく心持するを身なりと云口傳。
一、掛之手つゝきの事と云は、臂を張りたるもあしく亦臂のかゝみたるもあしき人抔の前にて手を付て一禮したる手のごとく其身をすぐに弦にかけたるべうにするを掛之手つゝきと云口傳多き事也。
一、矢つりとも大きり三分一とも云事は、三ヶ二弓手へ三ヶ一妻手へ弓手妻手の役を一度に引詰たるはあしく弓手の役は弓手へ妻手の役は妻手へ任せて引詰たるを大きり三分一とも矢つりとも云今の射形は只引分て握五寸を押事を矢つりと云此一流にはなき事口傳多し。

一、つよかけの事と云は、大根を掛る時はつをさくる也。成程おし上いかにも強く仕候也。人にぬかせてもはつれざるを以射るをつよかけと云口傳多き事也。

一、とり掛に十文字之掛之事云と云は、人さし指中指を以大指さきをおさへ大指さき少しあけ大ゆびをそらす様にして少しもはなるくゆびのもつれぬ様に心得べし口傳多し。

一、朝嵐の事と云は、たとへば連の葉の上に雫のたまりて朝明の清き風に雫を吹おとし後もぬれずかたちもなし落る共思はぬにほろりと落るを見れはこゝろよき也。其時はなす也、てんねんと離れを朝嵐と云也。数年心掛執行あるべき事也口傳多し。

一、村雨と云事は、秋の日の成程清天成に西より雨降来るを村雨と急付つよくかう水りんえのなき者也。春は又晴天になるあんゑなきによつて是を村雨と云古曰勝手へさつと引く後にもゆかすもとりもせず真心清くすゝしきを以村雨と名付あまた口傳。

一、蜘蛛之事は、軒つまなとに蜘のいとを懸置たるもそよ〳〵と風吹来りて風強ければふつきるもの也。其のかぜになびくが如くはなつを蜘蛛之はなれと云也口傳多し。

一、木枯之事と云は、紅葉の後風来る木葉散すごとくに勝手へ引まはし何にてもねらひものに心を移し離るゝ節我もしらず、吾風吹来りて木葉を散すごとくはなるゝを木枯之大事とは云也。

一、つのみの事と云は、胴の大事也。譬ば稔ても起ても形に影の添ごとく弓構するよりつまさきにいたる迄気を入渡る様に心持尤弓矢従にいたる迄たましいをいるゝほどに心をともに惣身をいかにも強く鹿之角のごとく形心ともに持をつのみの大事と云、先是迄の大事のおしへ也口傳多し。

一、手の内の事と云は、三つならでは無之内先つうろかた紅葉かさねかいこ其外惣まくり何れも手の内之筋弓の外かと入方を一文字に切る也口傳あり。

一、弓にぎり様之事と云は、一度取しめ重てとりなをさぬ様に修業するを第一とすべし口傳有也。

一、うろかたの事と云は、巻藁或は何にてもねらへもの丶後めへ矢の根先をおしあて弓手さし延せは弦とうでのあひうろかたに成事也口傳。

一、紅葉かさねと云事は、大指のまたの内の皺を手のうちへおしよせ惣じて手の内の皺を手の中之真中へ成様にへにさし指三はんにたかく指いつれも人さし指を弓の外竹の真中へかへめ請置也。大指とたかく指の真中をよくしめ付る也あまた口傳。

一、かいこの事と云は、にぎり様は右に替る事なし。玉子を手の中に起く添たる様に心を付べし口傳。

一、惣まくりの事と云は、手の中を一々とりとめたるを惣まくりと云也あまた口傳多し。

一、ひかぬ矢弦之事と云は、勝手へ引つめてたもち申間に少も引べからず、亦少しもゆるめべからず、おし手強く腰骨そつと身を弓とつるのあへたへ割入らふに心持してはりあう内に離る丶を引ぬ矢云也口傳。

一、つめの事と云は、三分一ひきつめぬさきにつるをきめたしてかたねへ引付亦胴骨をつよくそらし弓と弦との間へ身を割入様に心得べし口傳あまたあり。

一、壱寸ひ丶きの事と云は、いかにも押手つよくうはすじをして其儘よきいきおいにて壱寸ひ丶く也口傳多し。

一、骨合筋道之事と云は、肩の骨いかにもおししつめ亦内へも押入外えも押出しもせずうはすじ強く射る也口傳多し。

一、遠矢射様之事と云は、弓まへは常のおｔく打おこしと二度に腰くくにすべし、むねをそらしいかにもうはすじ強く押亦胸みつをちより足迄すくにしてみつおちの前をいかにも張出し胸たけヶ様に心得べし。亦弓は我身なりに立て引たもつ内に四寸おしひらき亦勝手少しもゆるめたる様にしてはりあひてこぶしをうしろへ捨る也口傳あり。

一、細矢射やうの事と云は、人さし指にて矢のおちぬ様にさしにべ押て引也口傳あり。

一、つよ矢つまの事と云は、壱寸勝手へ引つめて人さし指にて矢を弓と弦との間へおとめいかにも押手強くうはすじをおしてはなす也。もしおし手よわく油断などあれば矢あくる也口傳多し。

一、矢つまと云事は、譬は天地和合してなみこまやか成を見るがごとくたかきもあしくひくきもあしく後え前へきるも悪しくなか道すくにいたし手先にのしあへたるを能矢つまと云口傳多し。

一、鑓わき射様之事と云は、右之かたのあしをつま立て亦ねらい所は刀脇さしの十文字にうち違ひたる上をねらい射る也。必々急ぐ所にては矢こし可申もの也口傳多し。

一、具足弓の事と云は、勝手へ引つめる時右の肩骨をはり出し亦左之肩骨は出しもせずそへ置也。引渡して弓手の肩骨と矢の間四寸になる様に心得弓は我身なりにふせる也。若立にては甲に弦かヽる也、能く了簡すべし口傳多し。

一、船中弓射様之事と云は、先三度は弓かいりせず打切に射る也。後に常のごとく射手もよし左之足を舟場よりか何にてもしかとしたる木にそいて射る也。右之通にせねばころぶもの也。ころばずともねらい所定らずあたらぬものなり口傳多し。

一、さまの矢射様の事と云は、さまのかとにこぶしをしあてむかい角へ矢先出様にして引うちきりに射る也。物見などは気を付べし、すぐに見渡せば目を射らるヽ者也。大形にましりて見わたすがよし能々了簡有べし口傳有。

一、皮者三人射様之事と云は、先大将をねらいきんてく働きよきもの随分心懸うちとるもの也あまた口傳有。

一、もろおとしの事と云は、いかにも強弱をおして手先強くおして手先にて弦にはなさる様に胸をはり勝手のひちをつめて一度に手先勝手さつと落し身も立上る様に心持して射る也口傳多し。

一、三物をいそろうと類と云事は、弓構へするといかほといかつ成生付なり共きけはうつきしく見ゆるもの也、亦何にてもあたりよく矢つまにいたすを三物をそろうと云也口傳多し。

一、谷そくなる物射様の事と云は、ねらひ所は足本をねらい落し矢は越る物也、成程押手つよく強弱をおして射る也口傳有。

一、上なるものを射るべき時は人の面をねらひて射なり、上矢は必々さはるゆへ如是射るもの也口傳あり。

一、山成ねらひ所の事と云は、必こすもの也。手との間二三段程もあらば足のこうをねらひ射る也。若手先よわくてつりあけよふなればこすもの也あまた口傳有。

一、ほそき穴より射出す事と云は、矢の先をあない少し出して射る也。弓手なるほどと強く射るべき事也口傳多し。

一、夜の弓の事と云は、何方成とも人音のするかた足の大指をふみすへ其方少しも違ひなく射なり口傳多し。

一、甲具足など可射時根を心見ると云事は、かねの上を矢の根にてつけて見るもの也。抜るねはかねくい付やうになりぬけぬものはかねの上をはしる也口傳。

一、弦拵様之事と云は、弦のさぐり下へ五寸程はりかねを入てせき其上を能くはなあぶらを塗て射る也あまた口傳多し。

一、はやく弓を射て能と云事あひねらいの時也、兎角物によるべし。長道具抔に出逢時は成程心をしつめて射る事也口傳多し。

一、上のひくき所て射様之事と云は、弓のうら筈を天井へおしあてゝ引なり、所によりて弓をふせて射る事也口傳あり。

一、親の敵など射る矢の事と云は、かたきをば常の根にて不可射わたくりにて射也口傳。

一、笛の鹿矢所の事と云は、男鹿なれば左の足を上て心をすまして見ゆるもの也。其あしのうてさきをねらひ射るべきもの也口傳あり。

一、あてこぶしの事と云は、是は賀鴦道寶得相傳也。先ねらいものにこぶしおしあて物見を定め置て扨勝手へ引て少しも押手ゆるきてはあしく少しもゆるがぬ様にして無念無さうにはなす也。若しをし手弱くてはあたらぬもの也口傳。

一、弦きれても一かひな射る事一度は射らるゝと云は、つるのきれをむすひつきて弦のたすけをかけて射る也。弦たすけをはさるによつて強くしたるがよし口傳あり。

一、弓は日海也、上別と云事は、つわみつからと云学まんはたもつと云はすは別ると云字或は程抔に釘を打置に年月を経て後は自ほけりとくつろくがごとし。勝手にてはなつにてもなしはなさんにてもなし、村雨のして清涼しく只むねんむさうに忽然とわかるゝと日海上とは此心也口傳多し。

一、けしようのもの抔射る矢の事と云は、的はきしんちようふくの為なれば的矢にて射るがよし口傳あり。

一、雁股にて可射矢の事と云は、何にても長き道具持て向敵の弓手のこぶしを目当に射る也口傳多し。

一、水鳥所望の時可射心持之事と云は、主人抔之所望之時也。随分ちたいして亦も随意有時に成程矢なめなほし弓のはりかほなども直して扨よせらるヽ程よせて射るもの也口傳多し。

一、半弓射様之事と云は、尤弓尺みじかければ矢尺一はいはひかれぬもの也。弓をふせてむねの真中程迄引て射る也口傳多し。

一、射付之事と云は、左右之足を踏違ひ我がうしろの踏込あしの真中程へ身を入かひりて下へ引付射る也口傳ふかし。

一、三十三間射様之事と云は、引込てたもつもあしく早きもあしき也。兎角たるまぬ様に胸をはり出すようにしてこぶしを少しあけて離す也。目付は矢落の丸柱より三番目のたるきの通りを心懸て射るべきなり口傳多し。

一、はれ弓射るべき時心持之事と云は、弓道具能覚ひあるを以可射也あまた口傳有。

一、矢ふみの射様と云は、矢に巻付たるもよし、また矢の篦に付たるもよし。矢のふし好き置き篦之内えこよりんしてさし入射る事もある也。此度し方當流之大事ゆへむさと傳授あるまじき事重々口傳。

一、野山を通る時に試を射て見る弓矢の事と云は、から矢にも亦次第有事也。弓は成程音ある弓を用ひたきもの也重々口傳多し。

一、弦三所に納る事と云は、一番に本筈弐番にうら筈三番に弦のきくりと心得べし口伝多し。

一、八別と云事は、手先こぶし也。ひらくもあしく前おしもあしく亦むね上りもあしく真直に押て離れたるよくあまた口傳多し。

一、掛之うて口の事と云は、平付もあしくかいり付ときめたしたるもあしく手のこういかにもろくにはなす様にすべき事也口傳深し。
一、かつかうの事と云は我矢よりみしかき矢などは弓をとりさけて弓の強き所也口傳多し。
一、懸合之事と云は、強き弓はふとき矢うわ弦はりてさへたるにはかるきさし矢亦はほそき矢抔がよし。あたる事斗に飛す能く工夫有べし口傳多し。
一、さま切様之事と云は、横は四寸竪は弐尺七寸五分にきる也。しかれども當世は短く切也。足のひざふしにくらべて夫より上を切也あまた口傳多し。
一、ほさまかざり様之事と云は、弓のほこ敵方より見ひぬ様にかざる也口傳多し。
一、弓聲物によりて替る事と云は、先さし矢遠矢弓聲は一拍子あとにかけ声を引と云ははなす時あらくなるによつて其矢いれる亦巻藁射貫物抔はいこえ也。あひの声とは一度にてはなしさきにてもおし矢の筈にかヽる声也。日置家の声は箭の根にかヽる声也。吉田家の声は深き口傳有之。我かヽる声にてもあし亦かけんにてもなし、弓と張逢之我心弓の心陰陽相応して我からかくるにもなし、弓よりかくる声にてもなし、むねんむそうにおのれと胴よりｔき土すの声あいの声と云あまた口傳深し、只一葉のひるかへす心持也口傳多き事也。
一、塗巻藁射貫矢拵様之事と云は、鹿の角き亦はすやき抔宜篦はふとくしてのしろ筈よろしく亦鍬など射貫時は其矢のすけ口にかわを弐枚入べし。此所は深き口傳有事篦の内え根を射込ゆへかわをいるヽもの也。其外又塗糸をぬる事も有之也。心持ちょうし拍子あひ大事にしてむんえんむそうにつよみを以おのれとはなす也。声はあひのつね也、惣して人間は善悪と云事をあり善つよけらば云所なし、惣して弓の上は人をうたがいむりやりにおしてつかひたるは弓道の上は大きにきろう事也。少しも私あらば善につかす悪にもつかす故に矢つまあやうし。只一葉のひるかひる風の行す品のごとし、能く工夫有べき事也口傳多し。

一、打根之持をうる事と云は、矢拵様にあり、うちねは一寸五分弐寸にも壱寸五分夫よりもよし。長さ四寸五分迄用ゆる也。惣長さは八寸可然也。亦九寸五分までも用る也。多分八寸をゆるすべし。深き傳あり妻手のうでにかゝる惣じて打射はなす事にもなし。只手前の内になりてかけくまんとする勝負の時第一之打根なりきうにあらば刀もぬるれず、亦つるをもきられ組つかれましきためのうちね也。當流之打根之事至極之秘傳有し事也。

一、矢之根に塗薬の事と云は、遠矢さし矢射貫などに柘梅をことけて結切に包是を塗なり其外口傳有事也。

一、我手にあひたる弓の握を定むる事と云は、我矢つかかけの所にてふりて見る也。上下ろくとをほしき所はかる〳〵として能もの也。是を定むると云也口傳多し。

一、弓に力をあくる事と云は、弓のうら筈四寸下をつると弓とをおしよせいかにもしめ付てにぎり込様に成を所さためて射る也口傳、弓の力を心見る事と云は、弓のもと弭を持大指にて押手のよきよわきを知る也あまた口傳多し。

一、弓を鐺に用事と云は、矢を根中にて成ほど大き成を弓にゆへ付て矢のからはつるに巻留てつける也。其ほと先につけて鐺のごとく用也口傳にかし。

一、弓にくさひと云事は、勝手のひしさきをつめて胸を割入心にしていかにもひしさきを〆付てはなつ也あまた口傳あり。

一、にしき包の弓の事と云は、弓塗時に錦を黒焼にしてうるしに入合塗也、いかやうの不勝之所に置ても不苦、亦ふかき口傳有之也。

一、矢筋見様之事と云は、物見之事也。弓手の方よりねらいもの見渡し左之目じりと右之まからしにてねらひ物を能々見つめ何にも押手つよく射る也口傳多し。

一、弓に太刀長持添様之事と云は、勝手の小指とへにつけと一つにて握り射る也あまた口傳多し。

一、矢倉上に射拵と云事は、矢倉などにはかうしまどあるもの也、其所へ立寄也。そこに有し人を能見定て弓の裏弭をかうしの外へ出して妻手のあしをあけ弓手つまさきをかうしのきわへ踏寄て弓手の手先あしの大指のきはへおしよせ下成ものを射る也深き傳可有之頃也。

一、弓に弦音を出す弦拵様之事と云は、うら弭四寸程つるのしかけの内を巻也、成程かたくむくなき様にすべし口傳多し。

一、弓に骨肉と云事は、人間之たいないにどる心こんとん三分のさたと云てかともなき丸きことのかふり来り足かふんして五りん五たひとなつて足手かついて人間と生す。たいないにやどる時有之手を合ちくひをかひあるを是を弓張月と云古歌に曰、

三日月を弓はり月と云事は
山の端さしていれはなりけり

かつと云て生す手をはなす弓の離れたる心にて生、其後養ひを請て人となり足踏五の胴から声など云てやしないたるいたつて後心外に出る。しやれ〳〵てこつになるこの心に或は枯木などをおりたる心ににへのなき離をこつ〳〵と弓射ると云也口傳多し。

一、弓にかねのあてる事と云は、ねても起ても形に影の添ごとく身に弓をかひ添胴かふせは弓もふせるごとく弓がふせば胴もふす、或は大工のつぼかね巻縄のごとくろくにひつはり只むねんむそうにあといもゆかすもとりもせず身のかねはつれはよろしからず能々

修練有べき事也口傳深し。
一、弓は黒くと拵たるを能と云也。或は仏心三寶之前においてもけがれにたヽぬためのせやかつ色と云は洛と云は洛なれば先もちゆるかつ弓と云も右之色の弓を云あまた口傳あり。
一、眞弓の事と云は、其名の木にてちたるを云也口傳多し。
一、月弓の事と云は、伊勢物語などに眞弓月弓年ふりてとある何れも口傳かし。
一、しらま弓と云は、右之通其名にうちたるを云口傳多し。
一、悪敷射方の事
一、ゆるみ之事
一、すけまよふ事
一、弓手の小腕行之事
一、中腹さす事
一、こすく事
一、勝手の小腕おれる事
一、調子おくる事
一、つけちヽみの事
一、はやけの事
一、はなして得にひらく事
一、夏からすの事
一、前よせの事
右の品々射くせともよはみの骨筋を見合て何も射付をいなをすべし。千日ほども習へ大方はおふるもの也。中々すこしの稽古にてはなをるべからず口傳多し。
一、三拾三間堂可射弓の事と云は、弓に弦をかけて篦すりの節を通りに四貫三百目あるおもりをかけて中にて弓をつりあけて引也。壱尺をさりて夫より三寸四寸ひけると云此弓にては的前よき手前にてはとをる也。夫も弓法よくおぼへはとをるゆかしき也、修練有べし深き口傳有云事也。
一、しんめうしやしゆつと云事は、弓を能稽古して連々の相傳をよくきわめてもはやならいも何らす我と我が身悪敷をわきまひ心の儘になり我と気を能射出すしやしゆつと云也能々修練あるべし口傳多し。
一、弓のすみにこると云事は、たとへ池のそこへ上からさをゝ真直におとせば亦すぐにふつと上りそこより出るものによりてたゝす亦にごりと云は、さほをおとしすこしゆるみある時は池の底なるにごりたちさほも損にありきもの也。此心にて何にてもねたい物射る時は手さきつよく勝手つめて胸割入様に心得してむねんむそうにはなれすゝしくはなるれば矢も洛くにたち矢業もよく少しもたるみあらば矢もぬけて何の用にもたつべからず。如此射るをすみにこりと云也口傳多し。
一、弓に五つの手を掛に三つ四つの様あると云事は、上下左右中足を五つの手遣と云也、かけに三つ四つも同断也。何れもあまた口有り。
右之通元禄十四年鷺毛と有之、當流印西派之弓書と相見え申候。故総置候也、尤前々より持来候書にも相見候有之候得共存寄有之に付文化八年未年四月吉田甚蔵久利六十四歳書写之。

文化八辛未年九月日　　　　（吉田久利）印（花押）
茂野喜内　殿

【伝書】『日置流印西派射術機発之巻』　　　　（小林家文書本）

機　発

凡人間之生る初を赤子と云あつと云て生す。是無念無心也。是に順て弓箭の上には多く此無念無心を用る事甚し、是直くして少も邪気なく清き所を第一とす。箭を引詰置たる所は母之胎内にやどり時至り生れ出たるが如くあつと発る声治てうん也。是をあうんの大事とす、依之あうんの放れ口傳あり。弓箭之極意も同之、初て稽古の時分は弓箭の間に少も邪気なく赤子と同じ、次第くに執行重り様々之欲心出る。是色々の善悪を知る、故に如是弓箭の道を明にする時は本之赤子にかえる、此之時に至り気発る箭何ぞ羽ふくらを不呑んや。蟇目鳴弦すると云も此の心用すは邪悪も何を可恐。抑弓箭之躰と云は弓は天也、弦は地也、箭は人也。天地陰陽万物の勢則一張弓天下安全之根本也。

一弓引詰たる躰を日月にかたとる心穢たる時は月に雲かゝりたる道理なり清き時は月のさえたる如く是世界一統に照耀が如く弓も清く引詰たる時は箭先尖に照耀き誠に燈の火先を見るが如何なる鬼神魔王たりとも此箭先に恐ずと云事なし、然れば射人は日の内の三足の鳥月の内の免此躰に成引詰る也。少も邪心有時は箭は風にむきわらを吹上る、如何成常々弓を貴み己が心を正くする事射人の常也。弓を引て箭を放つ事は誰も知たる事也。然れ共其道によらず其事に熟せずみだりに弓を引箭を放つ時は能く的に中り堅を貫く事不能必其志正くし其形直く気惣身に充て生活し弓の性にさからう事なく弓と我と一躰に成、精神天地に満るが如く引て機発（ヤゴロ）に満る時神定て念を動する事なく無念にて発す放て後猶本之我也。物に中て後静に弓を治む事弓道の習なり如是は遠く箭を送り能く堅きを貫く弓箭は木竹を以て作りたる物也といへとも我精神彼と一躰に成時は弓に神あり玄妙如是也。是意識の才覚を以て得る所にあらず。其理兼て知る所なれども心に傚し事に熟し修練之功を積されは玄妙を得る事不能内志正からす外體直からざれば筋骨の束子固からず気惣身に充されは弦を引て手持こと不能神定り気生活する事なく私意の才覚を用ひて其道によらず力を以て弓を押し弦を引時は弓の性にさからひ弓と我と相争て二つに成精神相通る事なく却て弓の力をさまたけ勢をぬく故に遠く箭を送て堅と貫く事不能也、仍て今當流之雖為極秘弓呑弦呑箭之わかれ令傳授之訖猶重々口傳。

右此一巻者先師雖傳来無之予多年弓道委心長夜工夫理業糺明彼心鏡辨其奥義修練功自然発明多年之迷昧豁然洞也。唯真魂通神明之恵年来之執行至當流之全眼乎依新述愚意之一巻能々貴て而て玩味不可有疎意者也。仍如件。

嶋川市藏浮利 ㊞

吉田甚藏久利 ㊞ (花押)

文化七庚午年六月日

小林順藏 殿

【伝書】『日置流印西派射術指南歌』 (小林家文書本)

少人の器用なりせは種にして　ひひつる弓をつよく射させよ

つけたかく胴をもすくにひきたもち　しんしやうにせよ少人のゆみ

弓はたゝ植木のごとく射さすべし　ゆるみてもすくすぐにてもすく

弓手妻手横へ貫たるごとくにて　胴ははしらにあしはをひきよ

顔そらば右の眼を見かまへて　弓手をしさけ上すじをはれ

顔もちは箭よとて人のよふときに　射るところたへてみむく顔もち

引のりは箭先をひくくさしつけて　めあてそさせよ射さすのそよき

ひき外る手首かゝまは臂をはり　ひねりをつよく射よとおしへよ

放しくちをひへて射ぬる人あらば　外みへこゝろやれといわなん

はなつとき両のかたさきよる射手は　あしをひらくとこゝろうくべし

つけ放し常にするものなをすには　かけはなれされ臂はつめ〳〵

さしかたは弓手のしあしのつまさきを　前へ踏せて膝ををらせよ

かた高く首のつまる射手ならば　もとのすわれる弓を射させよ
かた高き人をば膝をつめさせて　胴をすへさせ射さすべきなり
五つほどあり無くせをばふたつほど　ぬしに知らせす直しかけなむ
くせあまた有る中にもひとつゝ　わきてあしきを直し射させよ
なわて筋遠射するには脇へ箭を　ちらさぬをうそりいちはいへ
人前でかろき箭を射るときはたゝ　手先ちゝまずかけをはなされ
帆をあけよ片帆にかけよをろせよと　いふは遠箭にかぜのふくとき
的弓も遠射させんにはかねてより　はりてをかすは箭をはつゝまじ
このころのはひくきはたゝ射るけゆみ　こけちへはまたはたるきをもて
指南者のはひき弓をこのめるは　手のうちつよく射させんがらめ
弓はたゝ稽古はかりてあからめや　人の身なりを見てやなをさん
踏ひらく廣させまさのあしあひは　をのが箭束のほどにしたがへ
ゆるまるは引弓斗りしてをきて　臂をつめおきはるされて射よ
大鳥のはたかき弓を射るときは　かひごといたる手のうちそよき
はるぐゝと旅行道やよるのうち　用心のときは打根はなする
器用なる人しも弓をかつりみて　日々に三たひはせめて射よかし
わるためにつよきゆみそとおもひなる　握りの上をとりて射よかし
よわからん弓をも人のみる目には　つよきのごとく射よこゝろもち
兵に能くあひたるゆみを射ときは　はなしのこゝろたねんなきやう
のりこゝみかりのき胴なをすには　あしと腰とにならひうそあれ
いくさ場に用ひてもよき惣まくり　握る手のうち流そおふけれ

あら木にてん へ箭的矢をいそかみ　ぬるよみはた丶いくさ場へもて
さまの箭や貴人の箭の的目あて　生もの射るにつめう色はなし
打きちにひさをはりつ丶射といふは　船中虎口とはつとふみち
かりまたを射るにこ丶ろをつけいはを　けみ場のときまん幕をいよ
さくりをばまくらにせよといひをくは　いくさ場へもつゆみこそあれ
手番ひはこ丶ろをしつめ手はやかれ　こ丶ろいそけば手こそおそけれ
ふしんなり常に射手ふりたる人の　こくちとなれば弓をもたぬぞ
手のうちはをつとりこぶしいきあひは　一味にしかしこくちゆみには
前をしは常に見にくしのき胴も　さもあらばあれ海うらのゆみ
目くら射は師匠のあらん射手をいふ　とても射るには稽古せよかし
初心なる人の射る箭はかるくさま　門をば出ずと丶まりぞすれ
つよ弓に大根を射へき手のうちは　紅葉かさねにこからすのかけ
長箭束又みちかきを射るときは　臂をつみおききり箭束にいよ
靭をばわるつめさらばいかでかは　俄のときの用にたつべき
常張に箭をとりそろへ床とわに　はけやはゆわさ用にたつべき
有明の射としりせばゆみこそは　ならひのつもるほどふかけれ
引かけて射るはたのもし突かくる　鑓長刀のわけ箭射るとき
老てのちをもき手をそくさそくわさ　かなわんものかたのめゆみ色々
つるはよしきれなばきれよ雲はりや　弓兵法をいたすところよ
弓箭靭をとろく馬のあるならば　出陣まへに乗りて射よかし
箭種つき其身ははつるきわまても　うるぼははてぬならひとぞきく

野山にて箭種つきても二つ三つ　つくり出すは常のたしなみ
つぼみたる胴を直すは右のもゝ　をしひらかとて射さすべきなり
あら磯の船はひらつけゆみはたゝ　妻手をきわめてとりかちにせよ
胴ふさはともに弓をもふさすべし　たてはしろへに相応といふ
はなつ事箭よりもはやき的射手は　そのこふなこの見所はなし
さのみ弓をひかんものとはおもふなよ　つけへつきなん筋ほねをはれ
つめこゑはよしやなかゝれみしかかれ　みじかきとてもいきはなかゝれ
沓下は右をばきひすひたりをば　大指つよくふみつめて射よ
引たもつときは心をしつかりと　はなつてのちの光りはなせよ
弓手落手のうちよわき人ならば　巻わらのあひ遠くたゝせよ
それ〳〵の箭音そかわる知らずして　ゆみ物語はつをはなすな
すき器用相応したる人はたゝ　師匠を吟味稽古する人
かなつの木いんぎんのときひろうなり　鹿の角木をたしなみてもて
石のことくさもかたからん巻わらを　細き箭ならばこゝろして射よ
引かぬる弓はあし毛の馬のかみ　巻わらはたゝよわきにて射よ
金の間の射よふといふは箭もはめず　つるのみ引てはなつ事なり
金の間はよしや射るともはなつとも　むかうへたゝぬ射行腰
あがり手のその手のうちやかけこゝろ　子をおもふほどの弟子に傳へん
がらぬとくやむは口のかわらめや　日をもつもらぬゆみの稽古を
大兵は生れながらとたゝなみに　よりて小兵も射手の名をとる
神心にて弟子をとりぬる人はたゝ　一盲石盲引つるゝ弓

箭の根をば射きり物には刃を付よ　ぬけるものをば刃を引て射よ
人のうへ箭よりもはやく見ゆるとも　わが身のうへはいざしらまゆみ
男の子此は歳といふはつ春に　弓はしめするものとこそきけ
つとめ得ぬ身には器用もあかせん　すき程に上手とはなれ
千里より外にゆかんとおもふには　一足よりもたへまさるべし
秋山や紅葉かさねの手のうちは　握るおとせる人のためかも
はやき射手こゝろて直すものなれや　ものにあて引はなさぬそ知れ
的弓の音たからかにきこえなば　手のうちよわき射手と知るべし
たび〳〵におつるこぶしの直すには　常に稽古につくはひて射よ
しれかしなゆみにかちたるつるはたゝ　まけたるよりは箭をもつるぬぞ
しかけたるつるを當座に射るならば　箭をつきおとすものとこゝろへ
あれ射よと鳥獣を所望あらば　たちさるまでのこゝろもちあれ
三韓をしたがへしをも弓と箭と　威徳はあふきたれも用ひも
梓弓伊勢をの海士のかつきしは　うきくるしむるいきつきはうし
はや川の船のつなてのよわ〳〵と　ひきわつらへるゆみはくるしき
弓はじめ産所の引目射るときは　あうんのいきにめでかりけり
つるは世のきつなとおもひ一しじに　きりはなすべきことを知れるゝ
ものよわく射る箭はかひも夏川や　羽ぬけの鳥のたちるわつらふ
弓はたゝ細きつよきそたのもしき　ふときよわきは稽古するとき
ぬけぬべき箭はぬけずして度々に　いきのぬけぬる射手はうらめし
射はなして総よりかくるつめ声は　つる音のくらひきかんためらる

つるうちや弦ね弦音つるふやうし　時によりての言葉とぞきく
おもふ事など問人のなかるなん　あふけは勢に月ぞさやけき
少人は箭業つよみもならぬもの　まつ弓法をもつはらにせよ
ひかぬゆみはなさぬ箭にて射るときは　あたらずとてもはずれざりけり
つめこえに放つ事のみたしなみて　つる出の後をこゝろゆるすな

以上百一首

尾崎仁右ヱ門重元
小野寺古助通年
嶋川市藏浮利
吉田甚藏久利　印（花押）

文化六己巳年四月日
小林尹吉　殿

【伝書】『五常之巻』　（小林家文書本）

夫弓は神代より始りて天下を平にし国家を治るの具也。嘗て遊藝の物に非ず、爰に日置弾正忠政次は射術の達人正を以第一儀とす。是則君子の弓也。我年頃射を学ぶといへ共久しく意に徹したる少し然るに此頃仁義禮智信の五常を以て弓を教る事を教明す故に先其意を記して以高第に舟といふに可秘々々弓の術は此にとゝまる物也。

通年自序

寛延四年辛未歳四月廿七日

秘傳仁義之巻

弓者仁也

夫仁の字たる本人の称にして他の意に非ずといへ共仁の字は五常の本にして寛温柔

徹成は仁と云、故に弓を仁に緞ふ也。彼寛温柔徹は則弓に其形を備ふ夫弓の形たるもと至極固し然とも人其形のあしきを見て是を直せば堅しといへ共人に応じてなをる。是則寛温の形なり復弓の形竹と木との間を膠をつけ徹塵も塵なり所なし竹にて作りたる物なれ共鐵以製したる鉄炮よりもきびしく徹す故に柔徹にたとふ候や、口傳。

我者義也

夫義の字たるへき事はしすましき事はせさるを義と云也。我身を正して射もなすまじき事はせざるものぞかし緞令いかほどの上手なり共我身義を以なされば是事して射にあらず我身以正く射をまことの射手といふべし口傳。

押手者禮也

夫禮の字たる正して圓貴のわかれして少も踰越せさる、是を禮と云。又推手も禮のごとく能別れ踰越せさる時は誠の推手也。踰越は則こたゆるなれば押手もゆります弱からさるを上とする也。緞は人の禮有如く人體有時は何にても能わくる押手もまつ其ごとく禮を以する時は的よく分れて百発百中成ぞかし能々心を付べし口傳。

勝手者智也

夫智の字たる天下の間の理暁然として疑惑しる所なし。是を智と云故に勝手もうたがひまとふ所なし、爰迄引て吉といへるを知時は則智と云べきが如し。勝然と云も惑はぬと云事也。勝手のつき放口能時は能ひる恵有人のごとくひと〳〵に能聞入ういつくまても通かごとく口傳。

矢者信也

夫信の字たる疑なくまこと成、是を信と云則信は本なきが如くにして仁義禮智具たる時は即信も亦人のまことあるがごとく鉄石といふ共通らすといふ事なきが如し。心信を以仁義禮智を能守る時は矢百発百中して金にてもあたそかし能々心を練べし。
已上
夫先弓を射むと欲せは能五常を悟るべし。此五常を一を違ふ時は射に非ずして則いやしき下人の射なり嘗て我意の射にあらず能此五常を勝る時は弓斗の義に非ず推及て是を見て此五常を慎無時は身能修り及天下国家といふ共能治如此大なる事なれば元来一言にくなすべきに非ず。此事を読て人の射を見ておかしくも且うたてかるべし可秘々々事而他見不可有雖一子不知意而不可有傳者也。

小野寺古助通年
嶋川市藏浮利
吉田甚蔵久利　印（花押）

文化四丁卯年十二月二日
三木尹之助　殿

第三節　馬　術

馬術は、馬を乗りこなし、活用する術で、それは古墳時代に溯るといえよう。江戸時代になると平和の世の中となり馬術の実用価値が減退したものの、武士の最も尊重した武芸として重視され、特に上・中級士の必修技とされた。

流派と始祖は、大坪流（大坪慶秀）、大坪本流（斎藤定易）、佐々木流（佐々木義賢）、上田流（上田重秀）、荒木流（荒木元清）、八條流（八條房繁）、新當流（神尾織部）、新八條流（関口信重）などである。

結城藩へは、高橋光道に学んだ小林宜季への伝書が残っている。二宮流軍馬は、八条流馬術の分派で、流祖は二宮是昌正一、是昌流ともいう。

○二宮是昌正一 ― 河北民部高家 ― 河北十郎左衛門高信
　　　　　　　 ― 加藤勘介高家 ― 井原家次 ― 神谷久左衛門 ― 石井勝忠 ― 飯野重勝 ― 大河原顕實 ― 日下安重 ― 日下安長 ― 日下義安 ― 日下義隆 ― 高橋佐見光道 ― 小林倉治宜季
　　 ― 高橋深右衛門光久 ― 高橋深右衛門光明
　　 ― 桑田千熊楠翁

【伝書】『二宮流軍馬口傳書』（小林家文書本）

一、鞍固之事

両脇へくわんを付手綱を引通し鞦左右共に後輪之内へ引通し両方共に結合置なり。扨手綱を左之方より引通し鞦に引掛け前へ引く廻し右のかたに鞦へ引懸け置、右之方の片手綱をとり脇腰へくわんの引通し右鞦へ引通し候手綱之坪に引通しせんをきすなり。是を二つくわんと云なり。扨亦空通之穴へ引通し後へ腰へとゝくほどにしてくはんの二つ切付しばりの緒へ結付置、手綱を左より引通し右之脇にてせんを以留置也。是を四つくはんと云なり。腹帯は二重腹帯なり。むすぶ事なくして空通之穴へ引通し腹帯の先を引さき結合せんを付ねちつてはさむなり。扨右之鞦に結付置候せんの結びは立あがり候得共其儘ぬけるよふに付るなり。扨又手綱を引はつし二つの環へ付た結を前四方手へつりさげ結び付る也。是は上釣合にて乗あしきゆへ如此するなり。是をば六つくはんと云なり。手綱長さ壱丈三尺なり。

一、鞦三之大事

壱つに後輪われたる時鞦の両方を雉子股先へ引懸て後之方へ引出し右輪の内へ引上て鞍をしばるなり。二つに同く房を後輪之すはま形より引通し前にて帯のごとくにして夜道等之鞍固めにするなり。悪時はすわま形へ引通さず共よし。三つに人後馬に乗らする時右鞍固のごとくにして後の人にも手綱に持するなり。鐙は少し足を除て後之人に爪先を懸けさするなり。是鞍に三の徳なり。

一、助之事

右の前四方手に馬之食物を付るなり。左には人之食物水呑等迄付る也。右食物を付る助と云也。また後之四方手には首くさり等付るなり。

一、柴繋之事

片手綱を右之四方手につめて繋ぐ也。是を片繋と云也。また右之手綱を毛の下より引とり左右一束に右之四方手に繋ぐ也。是を諸繋と云也。又手綱を前足にも繋鐙を端へ掛るもあり。

一、細道乗り下り之事

前より乗時は鐙を引通して足を踏懸飛上ながら乗也。後より乗時は鐙を引とり右同断、乗なり前へ下る時は馬の首に肘を突ながら前へはね下る也。後へ下る時は右之手綱にて鞦の組違ひ取たり之足を前よりこし。

一、早乗之事

鎗弓等を杖等を突手綱をもとらず乗也。武具を着し候ては乗り下り不自由成るゆへ也。

一、早下り之事

右に同じ下るなり。

一、腰手綱之事

手綱を腰へ廻しせんを以しむるなり。また手綱之両方へくはんを入前四方手へつり下る也。手綱長くば結ぶべし、下る時は右鞍固に同前也。

一、腰廻し之事

手綱を両脇へ結び付る也。結び付様は馬之方より引ては抜ぬ様にするなり。自分のかたより引付抜様に結び付る也。又前へ一束にも結付なり。悉くは以草紙あらはし難し口傳。

一、二重腹帯之事

布切を背よりひろげて腹にてしごき引違て常のごとくしむるなり。腹帯長さ壱丈弐尺。

一、馬上鎗長刀持様之事

鐙に立て足にて押へかつぐ様に持なり。又右のごとくにして肘に挟て持也。また石突を前四方手に入て肘にはさみ持也。又上帯にはさみせんにてもたする事もあり。但し何れも右之方に持也。

一、馬上弓持之事

左り之前四方手に本はづを入て左之肘之下にはさみて持也。又弦の間へ我肩を入ても持也。馬上にて弓張事之手にて本筈之側をもち右之手に弦を持口にて坪を能拵て弦と弓とを両肘に持せて引留て張也。又鞍の房を結びて夫に裏筈を持也。膝にて弓の中を押出て張事もあり。
一、馬上徒武者討事
輪を懸べし。輪をしげく懸て目を廻するなり。扨向より乗掛る也。鐙にて蹴事もあり。
一、馬上鑓長刀遣事
手綱をたすきに両肘に搦て遣ふ也。首へは懸ぬもの也。
一、川渡之事
前輪之すわま形に手綱を引通し一束に持なり。鞍は後山形をはつして乗なり。
一、浮呑相にて丸中くり前後さき四つ乗付。
一、川臥馬可乗事
百會を指べし。針長さ三分とあり。常式は扇子かうがい等にて百會を指也。竹葉之策を打なり。
一、草臥馬之事
下腹をいかにも強く打べし。又雲門之灸所に針をさすべし。竹葉の策を打也。
一、鐙無之乗之事
鞍の房を力革之穴へ入てふまひて乗也。また四方手に留てふまひても乗也。
一、土佐之入江に違の事
細道にて馬を乗違事也。我馬を角違て立向の馬を我馬之二頭の双を乗入させて互に四方手に取付一拍子に声を懸馬をひねるなり。
一、馬上仕合並組討之事

輪をかけて後へ見ふりて切る也。切事なく組討には手を先へ出さぬもの也。下る手になりたるは必負なる者也。

一、堀川為飛事
角み違て乗越也。是縦ははね損じても馬之胸を突ぬためなり。

一、腹帯無之乗様之事
胸懸を解て左之方より肩間へ引べし。左之小肘之脇へ引取て同く胸懸の坪に引懸留るなり。

一、忍手綱之事
忍びて乗行時の事也。馬之舌を布にて巻糸にて結び轡之組違に結び付る也。いはひさせぬため也。轡は切れにて皆々巻べし。是轡ならぬため也。沓は毛をとらす打也。沓之耳に結引違て打也。是抜ぬためなり。

一、乗分不成柴立乗様之事
かく耳の策を打べし。

一、峡傳之事
手綱之抱山之方あけ澤之方を下げ目之次第澤の方の耳先をにあり。鐙之抱山之方を軽く踏澤之かたを踏付て乗べし。是水こぼしの鞍と云べし。

一、巌石下しの事
外物之内三之詞岩石おろし様後をしかせ其後亀の侘を入鐙の抱とも前之たにあたらぬ様に抱べし。口抱しめずゆるめず中之口成べし。

一、鯨波驚馬之事
紙に賦と云字を書てもみて左右之耳之内に入べし。

一、馬上差物持事
上に懸るもの有時は後之すはまかたへ突通し持也。
一、人引馬乗事
轡之両橋金に別々に縄を付下きにて取違ひ四方手に能頭付留乗也。
一、鞍堅鞭打猟場心得之事
舌を布切にて巻縄にてかめくゝしにして其縄を鐙のほろ付に留也。扨鐙にて馬を廻ため也。
一、結狩手綱之事
縦は十五厘を二時之中に乗事或は二日三日も其儘おるとも馬に息をきらさぬ様乗様之事走あし踊足衡足是三様乗十二三丁程乗ては引返し息を入べし。踊足千鳥足は一里前後走せて返す必返す中に息を休めぬもの也。走り足は十二三丁ほど也。薬可飼、

薬法

一、土龍霜　　　一、梅干皮をさり打砕

右各押合衣へ包轡組違へ付べし。右乗様に薬を取合て桜狩之手綱と云也。
一、軍陣へ出て主人へ馬を御目に掛る事度々退口引事不可有也。
一、馬上腕労たる時乗様之事
鞦之房をすはま形より内へ引通し房の内をむすびて扨手綱を前之すはま形へ引通して扇子等をせんにメ留る也。手離にて乗らんためなり。

歌曰、

退りつゝ騒で驤れる馬ならば　水車にてこめて乗べし

馬之書道者武士之可為事大形莫不心得と見えたり。されと共能知たるは無らん歟。然者先

一巻を傳て暫備闕畧者也。尚有漏脱事恐畢。

二宮是昌正一
加藤勘介高家
井原文太夫家次
神谷久左衛門
石井五兵衛勝忠
飯野四郎右衛門重勝
大河原源太夫顕實
日下十蔵安重
日下五右衛門安長
日下五郎右衛門義安
日下重蔵義隆
高橋深右衛門光久

右条々家傳雖為秘事令相傳、懇望之者於有之者無猥可有相傳者也。

高橋深右衛門光明（花押）

【伝書】『乗形十箇條掟』　（小林家文書本）

一、つよき馬を乗らすとせば此条目を専にすべし第一轡の大きは悪し細き轡をはめよ是は抱へ入て引當たる所痛て馬きくといふ。

一、おもかひの仕かけ様口による也。こわき馬と云は岩に轡をかけたるごとくなれば會釈をも受ず引もきかずゆるすも受す抱へもきかずたゝ喰つめたるによつて喰と口脇の間へ指三つ入ほどにゆるく仕かける也。
一、馬氊あつくはとらせよ。
一、むなかひをばいか程も詰て乗べし。
一、腹帯のしめ様は指三つ入ほどしむる事よし。
一、鞍鐙力革悪しくはかえさせべし。何と秘術と尽と云とも鞍乗り悪く鐙踏悪きにては馬きかぬ物なり。惣じて我乗得手たる鞍鐙轡にて可乗事尤なり、併他所などにてよき皆具有合さる折節は斟酌すべし連て所望の時は其理をなして可乗也。馬餘ても不苦也。
一、強馬は革袴を着する事悪也。
一、つよきとてかねを指轡を二口はめてんきくませ其外色々縄をさし引出たると云ともいつれもとらせて轡にて乗べし。
一、鐙をのなかに當て取といふ事あり。是は鐙を納時馬の首中に積て取る物なれとも若頭長くして手綱つまる事あるべし。たヽ鐙は馬の出る時も随ふときもつまらす延ざる様に納る事よし。
一、可乗前にえもんをひきつくろひ心をしつめてそろ〳〵と指寄て手綱を引調鐙に足を踏かけると馬の志しさる様に納て四句の文をひそかに念すべし。

四句文曰

迷故三界城　　悟故十方空
本来無東西　　何處有南北

右拾箇條のことわりしるし置に及されとも可乗前に此掟を専らにして馬餘してより以来色々秘術と尽すといへとも前かとのこヽろ持たりはさるによりいよ〳〵気を受けひかれ

ん事はかならず是也。十箇条口傳有可秘々々。

慶應三丁卯年四月吉日　　　　高橋指佐見光道　印（花押）

小林倉治冝季　殿

【伝書】『乗形之書』　　（小林家文書本）

一、鞍抱ほそを前輪へつけはかまのうしろ腰をひらきかめのをに気を付もゝのつけ根いのこ所をおりしき内もゝにて馬をしついｒとしめ鐙のふみつけまでおなじつり合に乗べし。

一、鐙のふみかけ馬のかんあいにはよりこえとも先はかゝとを少つよかにふみかけてむかふをひらく心に可乗かならず五つのゆひ共に気を付す常にあゆむごとくにふむべし。勿論かくを當る時も前にふみかけたるつり合にて當べし。

一、手綱のつり合の事、馬の長短にかまいなし四保手をちやうきに取べし。手綱のかまひ上段中段下段三段有、上段はほその上、中段は鞍の前輪をちやうき、下段は四保手もとにおしさぐる也。但し馬の口より三段の内何成共もちゆべし。併常には中段可用尤中口に引當也。手間六寸手綱の取かけはつめを揃ひ手のおもてをつよく手の内やわらかに取べし。小指ひ薬ゆひ此二つ手綱のつり合の大事也。手をもてのなりはむつくりと見得る様に取々得てりんとつよく取べし。こぶしの立様はそきこぶし立こぶしひらこぶし三様有之候、何成とも馬の口によって可用かゝみにかゝる馬には平こぶし乱口には立こぶし可用そきこぶしはむかふ口の馬によし。但し常にそきこぶしを用に心得べし。

一、ひぢのつり合は、ひちさきを人の真中に置べし。若手綱の延べちゝめ致候共ひぢをば人中をゆるすべからず、のほる時は前へかゝるべし。ちゝめば手先にておりこめべし、かならずかひなを延べひちを出すべからず。ひちのかこひ大切と可心得。ひちのかこひ悪しければ馬に引付られ申候。ひちを身に付たるは悪し、ひらき過たるは弥悪し、身より四寸程はなすべし。ひち先そとへ返す心に可乗かいなの成三ヶ月なりと心得べし。

一、むねをつよくかたをうしろへひらきおなじくおとしてひぢへ気を付べし。おとがひはなすべからず。我手にて四　寸のかねと心得べし。但しのどむねのさかいより四寸と可心得口傳あり。

一、かみの生きわおつるべし、つれは首ぬける也。頭のつり合とかねの尾のつり合大事也。むねのつり合といのこ所をおりしくつり合大事也。むね腰たかめば鞍のくなり。鞍のけば大成あやまりあり。むね腰をつよく乗事大切の事也。かやうの稽古は木馬の稽古責馬の時斗の心懸にては中々成就難成候。昼夜立居に心を付無油断稽古可申候。

此通り稽古極り々々段々教掛有之候。

慶應三丁卯年四月吉日　　　　　　高橋猪佐見光道　印（花押）

小林倉治宜季　殿

第四節 剣 術

剣術の流派には、天真正傳神道流（飯篠長威斎）、一羽流（諸岡一羽）、新陰流（上泉伊勢守）、卜傳流（塚原卜傳）、天流（斎藤傳鬼）、新陰流（柳生但馬守）、柳生流（柳生十兵衛)、一刀流(伊藤一刀斎)、小野派(小野忠常)、念流(上坂安久)、東軍流(川崎鑰之亮)、二天流(宮本武蔵)、吉岡流(吉岡憲法)、直心影流(山田光徳)、三和流(伊藤清長)、無形流(別所忠久)、北辰一刀流(千葉周作)などと非常に多くある。

結城藩へは、直心影流が伝わった。

流祖は、高槻藩士山田光徳。平左衛門と称し、一風斎、一風軒と号す。高橋正左衛門重治に直心正統流を習い、一時、師に忌まれたため柳生の門に転じて運籌流の三代目を継いだが、後に復帰して神影流の的伝七代を継ぎ、流名を直心影流と改めた。

○山田平左衛門光徳(一風斎)――長沼國郷――長沼徳郷
　　　　　　　　　　　　　　　　　　　└長沼綱郷

長沼綱郷――長沼忠郷――長沼真郷――長沼孝郷――長沼輝郷
　　　　└藤川近義――藤川近徳――藤川近常
　　　　　　　　　└赤石孚祐┘

長沼輝郷――長沼恂郷――長沼郷弥
　　　　　　　　　└水野日向守

【伝書】『直心影流兵法究理巻』(水野家文書本)

天照大神欲降天孫於豊葦原中国之時遺経津主神(又齋藤主香取之神是也)津雷神(鹿嶋

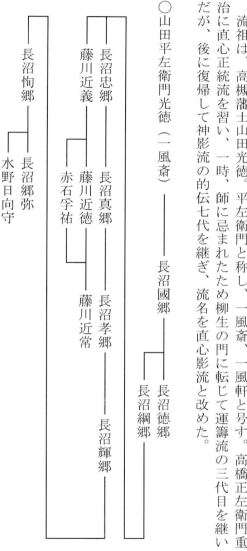

神是也）令平諸不順者矢印今以神職擬之人職天孫降臨者蓋準征夷大将軍鹿嶋香取之両神準副将軍八百萬神恐神威而平伏悪神悉追伐之後鎮座給於常陸国鹿嶋世所尊染之武神也。代以武事鳴于世者皆無不宗於是神矣況乎。吾家之兵法者其先親蒙神授是以曰、鹿嶋神。

兵法傳記

凡日域之兵法稽其原委曰、鹿嶋神流者傳言本朝将師之仕起代而其初、天照大神欲降天孫於豊葦原中国之時遣経津主神（又斎主神香取神是也）津雷神（鹿嶋神是也）令平諸不順者矣而今以神職擬之人職天孫降臨者蓋準征夷大将軍鹿嶋香取之両神準副将軍八百萬神恐神威而平伏之悪神悉追伐之後鎮座於常陸国鹿嶋萬世所尊崇之武神也。代以武事鳴于世者皆無不宗於是神矣況乎。吾家之兵法者其先親蒙神援是以曰鹿嶋神流其嗣に相承以異名記大略如左。

一、第一鹿嶋神流之元祖杉本備前守紀政元住于常陸国且暮奉祈鹿嶋廣前而契神慮一夜夢授賜一巻之書（源九郎義経所奉納之書也）正是為神傳之故称之曰神陰流。

一、第二上泉伊勢守藤原秀綱者杉本門下之正統而兵法之達人也。以鹿嶋流恐應神字改神陰而称乎新陰。

一、第三奥山孫次郎平公重後号休賀斎考一流之家其先奥平家之末裔也。継上泉伊勢守兵法之正統而以住于三州奥山年尚矣、日夜詣至於奥山産神之社願為兵法之津梁或夜夢蒙於神託改神陰号神陰爾後舞剣如影随形警策門人以震威風於東海一箇無対其刄者既而奉始、東照神君至、秀忠公及御連枝其蒙台命以奉授兵法之奥。

一、第四小笠原金左衛門尉源長治後号源信斎。兵法熟練而入唐更得妙術還奥山一派之正統也。有故改神影之名曰真新陰百練精金色転鮮。

一、第五神谷文左衛門尉平真光先後号得心斎最英霊也。改真新陰曰新陰真心流傳言神則心也。新直指而竟做流之称。

一、第六高橋弾正左衛門尉源重治後直翁斎従寛永而元禄誘引門人務兵法歎流派多端而混支流故以直心正統吾家之流号。

一、第七山田平左衛門尉藤原光徳隠退日一風斎重治手書直心正統流的傳之印状以属于光徳光徳親傳於直心正統流旡極之微意思前顧後以改号曰直心影流而已矣。

一、第八長沼四郎左衛門尉藤原國郷者住武州江府西久保、光徳第三子也。自八歳使習兵法旦暮思兵法蓋厚其志鍛錬此道只恐佬然不至成時於動上得大明爾後執剣活道自在也。光徳門下之正統而刀槍之達人也。自正徳至明和四年誘引門人鳴于世久於是終令名有聞於世只以真実之業導門人而不耻天帝直心影為八代者也。

一、第九長沼勝兵衛尉藤原綱郷後号活然斎國郷門下之正統兵法之達人也。國郷在膝下共誘引門人有于此有故移于道場愛宕下田村小路益繁楽直心影為九代者也。

一、第十長沼正兵衛尉藤原忠郷者活然齋之子也。家世以剣術為業忠郷甫七歳敏絶衆父命之従祖父受業祖父甚奇之盡傳其術故夙致精微極玄妙他人不違反也。及其業之成也。而挙世捕長沼先生四方剣客輩出門下者皆一時之英也。継祖宗之業最於當時云。

一、歳十一長沼正兵衛尉藤原直郷者忠郷之族子也。自幼受業於門下究其奥旨有故忠郷之嗣教導弟子族孝郷之成熟乃譲道場於孝郷後称正左衛門尉而後移居於沼田授業於藩之子弟。

一、第十二長沼正兵衛尉藤原孝郷者忠郷之嫡孫也。五六歳学家流於祖父之膝下対撃不凡巳長而得正統的傳移道場於愛宕山下善誘門人。

一、第十三長沼正兵衛尉藤原輝郷者孝郷之弟也。一意学剣夙也。不懈伯氏之門無出其右旨伯氏卒襲托承先業不墜家聲。

尊師曰鑑剣徳陰陽両気者勝負也。陰勝則陽退陽勝則陰退陰陽元是一気也。養其一気者自成英雄其用志之長厚長則生活物之有情至既而通三焦虚實往来之気則天地神明與物押移変動無常因敵転化耳而寔生得之雖強勇豈足恐哉、然則兵道武威之大元也。故上有宝剣朝威盛。天子親之同床幸前之止安置之御寝髻暫玉體不放給宝剣之徳化流行而施庶士那矧乎。於武臣哉夙夜帯之崇之如神霊保之如身心以武門之要器成爪牙委観其性霊有牙者喰之有爪者抓之有針者刺之類雖不教之天理自然也。禽獣如此凡人道者用何乎為爪牙哉。是則剣戟也。人身帯之成用雖区専武備之肝要也無外者也。若誤而不学之者白刃絶交縦雖帯之争難成其用還而求恐乎以是舊武称兵法令入道頻為習武訓也。古人崇流義如大天地琢気者如明日月謹而勿怠云々。

稽古法定

一、仕太刀も打太刀もたがひに法之通可被相勤之事

一、直之義相弟子之内にて一切直之申間敷候。此儀能々可被相守事

一、師會合難成處にて親子兄弟親類縁者或は入魂の中にてたがひに磨のため稽古制外にては無軽我様に可相勤候事

一、稽古之節其身の膳眼心にて非を打申度由望申候節は相弟子互之修行にて候間仕太刀よりも少は破遠慮とて可被申事

一、公私の障とて稽古不動成か又は流義合点不参他流稽古望之衆其旨趣被相達他流稽古可然は勿論流儀修行半途にて止め申なから當流是非の批判なと被申候は第一違本意候間大成可為越度之事

右五ヶ條之通能々御覚人々御心得可被成候。定書一通勿論誓紙前書之通能々書面して試可為肝要者也。

真心影流　行司所

月　日

體意

夫人性之霊覚対父則孝対君則忠義対朋友則禮信此本心者人々固有之知而所謂明徳也。是発強剛毅謂之大勇莫所分聖愚以養之拡充為武門之業日域秋津洲文道武道雖兼備多者以武為重故我流謂修行者養勇而分虚實浅深以禦乱宗慈愛之心行而習五常以斎治造次顛沛旡怠之積切琢之功竭鍛練之工夫古語曰玉不琢不成器人不学不知道謹而怠惰云々。

究理

世の中に徘徊する兵法者なとど云ものの類切組兵法構勝兵法所作兵法系図兵法理兵法此類の者共之世間の人を七病人にいたし申と見えたり。

一、目有て目なきもの
一、耳有て耳聞へざるもの
一、手足ふこつなるもの
一、合点といふをがてんせざるもの
一、柔弱なるもの
一、鈍なるもの
一、猪牛の逸参の様成者

右書付之通大概兵法者など云族は或は仕太刀を主人といたし或は打太刀を請太刀など云て下輩の者に謗し稽古させ候はヽ武士たるほどのものを此七病人に致と見之たり。直心影流は此類とは同日にもかたり難し。寔に雲泥萬里の異なり因節我流は仕太刀も打太刀も無差別其内結句打太刀を賞翫す。打太刀を勤てこそ勝利と相手の高下は能見ゆるなれ、然る時は修行の根元は打太刀の要樞也。謹而勿怠云々。

掟

一、一身の心学一生未来迄の心法に有之間深謹可被相勤事

一、尤他外学を不思稽古可候仕事

一、假初に木刀を取被申候とも心を用て毛頭おろそかになき様に心をほがらかに身體ゆたかに心意丈夫に能々慎可致申事

右三ヶ條稽古真意并常住も堅く御相守可被勤之者也

稽古修行之覚悟

一、博学之約に知れ

一、目切耳切手切

一、急々たらりたらり急

一、卵子の自然と容の出来するごとく

一、赤子の成人草木成長

屈たくは印をいそく心ゆえ　昨日の我に勝をわすれて

右深心底に徹可肝要也

法定

抑直心影一流可稽古修行者先以従根元志立従誠至實以實為理以理為實亦以理為所作也。所謂形者前後左右不片寄地不居着亦不軽而可務之謹而勿怠云々。

曰

一、合点と言事は合点する事

一、卵子の事

一、赤子成長の事

兵法は立さる先の勝にして　身は浮島の松の色かな
此道のみち筋しれる人とかな　實のめより實しらなん
我流は行えもしらす果もなし　いのちそかきり務なりけり

法定奥書

右法定之書面能々御覚可有之候。流義修行位により合点可被仕候。猶口傳可申達兼而相弟子はおしなべて兄弟にては昆弟の中にて何そ猥に孝悌の義を忘れて雌雄を論ずる事有き。尤耻敷義なり或は作を亡し罪を罰候節邪気我慢の己が怒気を治んがため不断稽古修行にて候。寔以一生冥暗を照し候ものなり。穢土を去ても魂一霊の神にても心法修行に至らんと思共勤などに浅く軽く打合ひたヽき合の事とおもひては中々流義を以ては本心正利は得かたかるべし。弥深く信仰して二六時中行住野外心を用て可被勤者之、慎而勿怠云々。

稽古をは勝負するそと思ひなし　勝負は常の稽古なるべし
稽古とは勝負によらず法定の　序を肝要之務べきなり

兵法起請文前書

一、直心影流御弟子被成辱奉存候。御相傳之義聊以他言仕間敷候。御相傳被下候巻物等不慮之節者返進仕候様兼而可心懸置事。
一、朝暮心懸対理御為悪敷義仕間敷候。勿論御口上被御聞無之以前他流猥試等間敷事。
一、無理成殺生仕間敷候附他非諦仕間敷事。
一、為相弟子就稽古之義口論仕間敷事。
一、如口傳雖為主人遠慮仕間敷事。
右之條々於相背者、

梵天帝釋四大天王惣而日本國中大小之神祇殊伊豆箱根両所権現三嶋大明神八幡大菩薩摩利支尊天氏神神罰冥罰各可蒙罷者也。仍起請文如件。

理歌

兵法は武雷や日本だけ　不動多もんの勢としれ
天下泰平の法なれは敵もなし　自然の作は自滅なるべし
打事を打とや人の思ふらん　うつは打ぬるきらぬきらされ
急もなく思もあらず空々の　有と風勢の行え成けり
勝負とは躰と〳〵を合せつゝ　肉身よりも切先を出せ
體と太刀一致してまん丸に　心もまろし是ぞ一圓
雲霧はたゝ中空の転変ぞ　うへは常住すめる日月
悪しきとは請付表裏飛はぬる　至極はかゝれ先は極楽
極楽とおもふ心の迷いゆへ　さいと成る佛とけ廻ものや
目には見て手にはとられぬ水の中の　月とやいはん流義成べし
思ひなくまた恐なき心有らば　虎さへ爪をおく所なし
聞もせず見もせぬ人に逢とても　逢は根元その事にしれ
峯の松溪の枝木いかなれば　おどし嵐の音かわるらん
勝負とは引しぼりたる梓弓　放ちてもなほ放ちてもなを
立さらん先の勝とは大空の　自己を忘ず無甚無想ぞ
一勺三百遍といふときは　たゝ幾度も懸にかへるべし
不器用と人はいふも稽古せよ　きやうばかりはいかで有べき
不器用も稽古を常に嗜るは　器用の人をおして行べし

数奇器用有て稽古を励みなば　さながら鬼にかないざる悴々
見ぬ人に何とならん難波ロの　みてたにさらに言の葉もなし
業藝は業を怠るその心得に　理のみ長じて下手に成けり
理は業の中に有ぞ實の理　理業ふたつのものにてはなし
吹風も雪もあられも咲花も　勤る業の工風とはなる
右理歌二十余首以口傳可明之者也。
右者直心影流究理之巻雖為秘事足下数年流義深信仰御修行因不浅依之今令傳授之畢。聊他言他見有之間敷者也。
鹿嶋神傳十四代
長沼正兵衛藤原恂郷
天保十五年甲辰年初秋吉日
印（花押）
水野日向守　殿

第五節　砲　術

銃砲、火薬を用いる武術で、天文十二年八月大隈国種子島に来航したポルトガル人によって鉄砲と火薬が紹介され、その操法が伝えられたのに始まる。

流派と始祖には、田付流（田付景澄）、井上流（井上正継）、津田流（津田算長）、田布施流（田布施忠宗）、稲富流（稲富一夢）、霞流（丸田盛次）、関流（関文信）、長谷川流（長谷川一家）、荻野流（荻野安重）、武衛流（武衛義樹）、中島流（中島長守）、自得流

（大野久義）などがある。

結城藩へは、荻野流の砲術が伝わった。

種子島流の砲術を伝えていた荻野家の四代の孫である荻野安重が、家伝を大砲に応用して早打乱玉という技を創案し、浜松藩主本多豊後守に仕え（中小姓、三百石）たが、正保元年浪人となり、弟の正辰と相談して正木流その他の砲術十二流派を極め、大成して「荻野流」を称した。寛文七年岡山藩主池田光政に仕え（二百石）、再び浪人となり、のち明石藩松平若狭守に仕えて（三百石）、元禄三（一六九〇）年六月七日七十六歳にて没した。

○荻野六兵衛安重――荻野照清――荻野照良――河合多司馬秀精――酒井嚮正徳

【免状】『鉄砲種子嶋』（酒井家文書本）
鉄砲種ケ嶋一流依年来之習熟許状附與後来有索砲之術者則必以誓約可相傳之固不擇貴賤親疎非其人容易勿授之仍許状如件。

荻野六兵衛安重
荻野六兵衛照清
荻野六兵衛照良
河合新左衛門秀精　印（花押）
寛政十一年庚申九月六日

酒井嚮　殿

酒井嚮は、安永二年三月八日結城に生れ、童名を余吉、九郎八、嚮と称す。正徳、のち嘉在という。寛政元年七月小児席召出金三両二人扶持、任園四月、江戸詰め（この間に嚮と改名）五年九月御帰城迄表小児席勤務、七年八月先達而藝年入、八年八月御留守中表列勤務、十一年十二月江戸表御人少に付出府、十二年六月本勤之上表同列勤務、七月十九日荻野流砲術種子嶋免許にて金三百匹頂き、享和元年四月大阪御共、三年四月日光御共、七月御側詰御小納戸御役、文化元年九月十日家督相続し御馬廻、六（一八〇九）年十一月十四日没す、三十七歳。歡顕院釋崇恵居士。

第六節　柔　術

柔術は、主として徒手によって相手に対する武術に一種といわれるが、その流派と始祖には、荒木流（荒木無人斎）、起倒流（寺田正重）、渋川流（渋川義方）、制剛流（水早信正）、関口流（関口氏心）、竹内流（竹内久盛）、夢想流（夏原武宗）、揚心流（秋山義時）などがある。

結城藩へは、天神眞揚流の柔術が伝わった。

天神眞揚流柔術は、流祖を磯又右衛門正足。天明六年（二年とも）伊勢松坂に生まれ、本名を岡本八郎治といい、紀州藩に仕えた。十五歳の時京都に出て一柳織部に揚心流学び、師の死後、真神道流を本間丈右衛門に学び奥義を究めた。二流を合わせ一流を立て、百二十四手を定めた。江戸に出て神田お玉が池に道場を開く。のち磯氏を継いで幕臣となった。文久三（一八六三）年七月十五日没す、七十八歳。（文久二年没し、七十四歳とも）

○磯又右衛門正足（柳関斎）
- 磯一郎正光 ― 磯又右衛門正智
  - 磯又右衛門正信 ― 磯又右衛門正幸
  - 井上敬次郎
    - 戸張瀧三郎
    - 宮本半蔵
    - 関根源内
  - 吉田千春
  - 戸澤徳三郎
- 伊藤柳永斎忠元
- 磯又四郎正行
- 山本四郎柳烟斎
- 船川権之助柳真斎国勝
- 長島直吉柳玄斎
- 原田要人之輔柳容斎
- 城田亀司正秀柳秀斎 ― 瀧谷傳左衛門正良柳心斎

┌八木寅治郎
├福田八之助正義柳儀斎
└宮本富之助

結城藩では、幕末に木村門平保升柳剛斎（武州草加住）より山田芳造に伝わった記録があるが、その先はわからない。

【伝書】『天神眞揚流柔術 天之巻』（山田家文書本）

夫人力を以て争者人亦力を以て拒み何益乎及兵道兵術敵に依て転化変動者常也。所謂観揚柳之靡風依之号天神真揚流和者徳之花武者徳之守神妙有其中後世之門子敬可秘。

上段之手数

踼（まくり）　返（かえし）　面影（おもかげ）　諸手砕（もろてくだき）
杉倒（すぎたおし）　大殺（おおころし）　浪分（なみわけ）
猿猴附身（いんこうつけみ）　手矩捕（てかねどり）　両非（りょうひ）
天狗勝（てんぐしょう）　後鎚（うしろかすがい）　脇鎚（わきかすがい）
後捕（うしろどり）　片羽縮（かたはちじみ）　矢筈（やはづ）
突掛（つっかけ）　無二劔（むにけん）　見刀曲（けんとうきょく）
龍虎（りゅうこ）　暫心目附（ざんしんめつけ）

萬法帰一

萬法者帰する處合点可成一之帰する處其工夫第一也。此一之帰する處とらへて難傳是所謂覚悟意無我正躰也。躰は則卍之字を説死生は無常之怨敵也。昼夜不断之会席皆是敵と見事肝要也。

五ヶ之傳

○大切之場へ向ふ事

旅立其外大切之場へ出るには我形ち趣るに向ひ我腰の間きれ候得は七日のうちに死すと知るべし。腰より下形ちなき時は其日のうちに死すと知るべし。つはきしてあわたゝざるは凶事と知るべし。あわたつは吉事成けり。

○人違之大事

大勢口論及び争ひ候處に行時は、おんしやねいのふらいそわかとこゝろにまかせて九字を切て行て人違にてうたるゝ事有つゝしむべし。

○船乗之大事

船にのらんとする時耳なき人さきにのりておりい得はのるべからず。かならず船くつかへるなり。また小へんいたてあわたゝざるはのるべからず、あわたつは吉事也。是も十字の天経に九字を切て乗るべし。

○座中にて毒気を知る大事

大勢集り候時なんとなく我身よりあせいで鼻ひく小便打々出度なるならばかならず近辺に毒躰にしかける人有、其時は物を喰べからず。また其座のうちに毒持候人は目の玉赤くつきぬくようにてあける見へるなり、つゝしむべしおそるべき也。

○馬乗之大事

我馬にのらんとする時足袋のひもなりはかまのひもなり、とけたちからおるべからず。必馬にけがこれ有べし。たとへのり候共気を付てのるべし。何にても九字を切て乗るべし。

右當流之秘巻成は必他見他言有間敷者也。可秘々々。

安政五戊午季晩秋吉祥　　　　　　源保升

山田芳造殿

【伝書】『天神眞揚流柔術　地之巻』　　　（山田家文書本）

夫以柔術者無事之根元治国の基ひ壮士並立の要にして弱よく強を制せしむ。彼が力我に越たる者に勝利を得るの術也。何たやすからん然ども我が修行をもって向時は力は限り有、術は無限者也。動者は捕て堅め因て動は自然と殺し死すれば亦術を以て活せしむ。是殺活自在也。其能学んで奥を極に至ては天死のものを活せしむこゝおものを其奥妙を不知ものはまのあたり渇に望で井を穿木に依て魚を求るの急あわん故に眞揚流頗る大なるものなり持に中段の廿八ヶの手数は星天の廿八宿星にかたどりて當流に用之、眞々有故也。可秘々々。

五ヶ之傳

○片羽折之事

敵陽にかゝらば陰にしづみ、陰にかゝらば陽にてつし足をうきやうにしてとどまらぬようにして術をなすべし。飛鳥のかけりとんぼちかくり小蝶の舞これなり。

○対人心得之事

夜中などつくり事そして来る人有よく〳〵顔のことき丶ただし切きいてあいさついたすべし。またおうたいするにも人のみすみにとりておうたいいたすべし。真甲よりうたる事有。

○運気之事

前る左の手の平を見るべし。黒気青気白気などいつるときは必他行いたすべからず。行さまに変存るべし。よく〱つゝしむべし。また前朝御膳のたきたてのときひつへうつしひつのふたにつゆがしざるときはその日のうちにわが身の上にさいなんあるとしるべし。紫のけむりあがるときは身またのうちにさいなんあるとしるべし。夜中向ふより人来るとおもへ候得時やみの夜にはわからず、そのときには耳を地に付よく〱見るべし、たしかにわかる也。

○忍太刀之事

夜中盗人などはいり候共片すみになりおり候てすがたわからざるときは木太刀なりとも棒のさきにても半天共羽織成共つつかけてすゝみさがすべし。切付らるゝ事有、また月夜には月かげを通るべし。桶たきぎまがりかどに心を付べし。てうちんひらいてみるべし。山中などにては鉄炮にうたるゝ事有よく〱気を付べし。

○金生水之事

山中などにていきぎれいたしのんどかわき候時は刀の刃をなむべし。ぬくまなくばつばにてもよし、またなにもなきときは手の小ゆびにてもよし、ひといきつくなり。

活法目録

○誘活法

せなかの親骨より五つ目の推を前へとおすなり。

○襟活法

胸をよく〱なでおろし、石門より気海迄つきあける也、あとにてさそいを入る也。

○陰嚢活法

こしをよく〱けだしまた脇の下より両手をとりつんづんとしたへつきおろし両ひじに

て腰中をおす也。あとにて襟活法を入る也。

○総活法

死人をうづむけるにいたしおきせなかをよく〳〵なでおろし両手のこばにてこきおろしとまりし處迄つきあける也。またひつくりかへして胸をよく〳〵なでおろし石門より気海えつきあげる也。

○吐息之法

鼻と口と耳と綿にてふさぎいきのいてぬようにいたすことをといきことふすなり。

○死相之法

かゝみを口にあていきかゝらざるはいきぬなり。少しにてもいきかゝるはいきるなり。また目をひらきよく〳〵見るべし。まつげうごくはいきる也。うごかざるかいきぬなり、よく〳〵気を付て見るべし。

○水死

死人の両あしをさかさにいたしてかたにかけ、凡弐町ばかりも歩行ほとかつぎあゆみ水をかせ後にて総活法を入る也。

○高落

死人を静にとりまわし総活法吐息を入る也。

○首くゝり

死人のへそよりしたをしつかといだかせなわをきり下へおろししづかにいたし総活法吐息を入るなり。

○當身の傳

顔は手のこばにてあてるなり、腹は手をにぎり引當にいたすべし、きんは足にてかあげべし。

活法つかい用

烏兎（うと）襟誘　霞（かすみ）襟誘　人中（にんちゅう）襟誘
秘中（ひちゅう）誘　松風（しょうふう）誘　村雨（むらさめ）誘
電（らい）襟誘　月影（つきかげ）総吐　雁下（がんげ）総吐
明星（みょうじょう）陰嚢誘　水月（すいげつ）総誘　獨法（どっぽう）襟誘

【伝書】『天神眞揚流柔術 人之巻』（山田家文書本）
松風之殺は喉の當也。陽之位也。此経は気往来する處之道路也。人間上焦に咽喉之二つ左右に分れて二管有一つは水穀の道路其一なり。息管と云ものあり、壱尺弐寸九節ありて肺の臓に糸続して有物なり。此裏に十律備り人間之韻□は此肺より出也。味は辛を好む、活は即大腸を摩回を致す、諸経之當是を以て可知。
村雨之殺は、喉之當り陽なり、下は胃に通糸水穀之道路なり。飲食すべて胃に納む、胃之時は脾の下に随て位して居也。水穀之納處上脘と云、臍の上五寸水穀消化之地胃の正中中脘と云、臍の上四寸飲食府関熟して小腸に傳幽門と云、臍の二寸下脘と云、小腸之上口也。活生は脾之地を摩回して補べし。惣て殺は此意を以可知。余は準之電之殺は褁の腑に當る、日月之位に近し、膽は肝之四葉の間に蔵て各別なる物也。胃は水穀を入、小腸は糟粕を受け五臓いづれも無不受、膽はかり離れて水呑の穢濁を不受肝葉の間に居て其精き天気を守るもの也。人間形躰の気剛柔すべて膽より無不出依之人力は膽之致事也。此殺は速なり、故に稲妻と云なり。人間剛柔の気司る處源経也。
月影之殺は、肝に當る事也。肝之形は木葉之如し、七葉有四葉は右に付居る陰之部也。

陰は偶、陽は奇依之可知。此殺は大事之當也。常に可心得事也。肝膽之臟腑は都て人間剛強之出る處なり。月影は期門之辺に近し、是稠く経に當時は経力持つ事難し故に思之外に吐息を出す心得べし、口傳有。

雁下之殺は、両乳之辺をさして當事也。此経は即心肺の二臟に徹る處なり、心肺之二つは上に位して下焦の穢濁之気を不受宿る處の経は両方各々壱寸にあり。是第一心に臟に宿と可知心之臟は肺中に孕て膻中に有上位すなり依之膈膜と云もの蓋して有、故に心肺の二つは下焦水呑の穢気を不受五臟之内にをいて心の臟は至誠君主之位なり。神明の寓する處一躰の神霊なり。外の臟腑は此心之臟より達経する也。此地少し當りても甚答る處也。是即天真之気之至る處也。是大事の殺也。

明星の殺は、大腸膀胱之二腑に當るなり。臍の上弐寸ほど是より水は膀胱に下行し前陰之出糟粕は大腸え行て後門に出依之稠く當る時は二便不覚して出也。大腸は右に位して居り後之蟠り有なり。膀胱は大腸に入組て前に蟠り居所は陰交之地と可知。烏兎の當は両眼なり頭の圓は天に同じ、故に天に日月ありて事もの明白也。自流に両眼を指てうどと云事日中に三足之烏あり、月中に玉兎ありて見る、是陰陽なり故に烏兎と号。

水月は、極意大事之殺なり。一切之臟腑経路したる處なり。此水月は脾と胃の中下上腸にあたる依之、一切之殺は此理を以て可助神府と云腑あり。是は腎心性受たる気経を力たとりて生腑なり、常に此腑は陰なり即息絶て少しの間臟腑に止り看る内に空の如く成腑なり大事之殺也。活生は吐息之大事を用ゆ。

【結城藩武術年表】

寛政元年二月二十日、桑田弥三郎『要門編唄切紙』を江川忠隆より伝授
寛政二年六月晦日、桑田弥三郎『要門膚団切紙』を江川忠隆より伝授
寛政九年六月、工藤豊連『射義指南歌』を酒井嚮へ伝授
寛政十年八月、湯浅二徳『日置家定法弓條々』『名箭之巻』『名弓之巻』を酒井嚮へ伝授
寛政十年八月、桑田将軍『心懸三十三箇条口傳目録』を三宅源三郎へ伝授
寛政十二年七逢ɡ津十九日、酒井嚮、荻野流砲術種子嶋免許
寛政十二年九月六日、河合秀精、『鉄砲種ヶ嶋』を酒井嚮へ伝授
文化二年九月十八日、桑田景将『城取口伝渡極秘切紙』を田中佐太夫へ伝授
文化三年三月、弓術家吉田久利、高田藩へ戻る
文化五年五月二十五日、河合秀精、『鉄砲技術士』を酒井嚮へ伝授
文化五年五月二十八日、桑田景将『要門単的一巻書切紙』を田中佐太夫へ伝授
文化六年四月、吉田久利、『日置流印西派射術指南歌』を小林尹吉へ伝授
文化六年十一月十四日、弓術家酒井正徳没（三七）
文化七年六月、吉田久利、『日置流印西派射術教之巻』を小林尹吉へ伝授
文化七年六月、吉田久利、『日置流印西派軍用頭書』を小林尹吉へ伝授
文化七年七月、吉田甚蔵『奉射禮法』を小林順蔵へ伝授
文化九年三月九日、吉田久利、『要射秘録』を小林順蔵へ伝授
文化十四年八月、小林宜兄、高橋光久より『乗形十箇條掟』を伝授
文政三年春、小林宜兄『五常之巻句解』を伝写

文政五年六月、吉田利和、『秘書』を小林順蔵へ伝授
文政十年六月十六日、水野勝周没（二四）
文政十三年五月、桑田景博『心懸三十三箇条口傳目録』を大吉辰三郎へ伝授
天保三年十二月朔日、小林宜兄、『五常之巻』『弓放秘事』を酒井九郎八へ伝授
天保八年正月二十六日、小林宜兄、『日置流印西派射術指南歌』を酒井九郎八へ伝授
天保九年五月、桑田景将『外之物七箇之秘劔』を岡本幸蔵へ伝授
天保九年七月十五日、武術家桑田将博没（七〇）
天保十五年初秋、水野日向守、長沼恂郷より『直心影流兵法究理巻』を伝授
嘉永六年十二月五日、馬術家桑田楠翁没（）
安政五年九月、山田芳造『天神真楊流柔術』を保升師より伝授
文久二年六月、水野勝徴『兵学伝書』を小林順之助へ伝授
慶応三年四月、小林宜季、高橋光道より『乗形十箇條掟』を伝授
明治二年五月十五日、弓術家茂野喜内没（）
明治二年九月二十四日、弓術家小林宜兄没（）
明治六年十二月二十一日、旧藩主・剣術家水野勝進没（五七）
明治三十四年七月十九日、弓術家小林順蔵没（六四）

第四章　生実藩の武術

生実藩は、生実（千葉市内）周辺を領有した譜代極小藩である。

慶長十九（一六一四）年大久保忠隣の失脚に関係して酒井家次にお預けとなった森川重俊（知行三千石）が、寛永四年勘気を赦免されて徳川秀忠に仕えた。のち加増によって上総・下総・相模三国内において一万石を領有し、生実に居所を営み立藩した。九年徳川秀忠が没したとき殉死。森川氏は重俊のあと、重政－重信－俊胤－俊常－俊令－俊孝－俊知－俊民－俊位－俊徳－俊方と十二代、約二百五十年にわたり在封した。

生実藩へは、日置流の弓術、大坪本流の馬術が伝わり、資料が現存している。

第一節　弓術

生実藩へは、日置流弓術の雪荷派と道雪派が、藩主森川家に伝わった。というよりも高遠藩士多賀谷季稠より進呈されたといったほうが良いかも知れない。

○日置弾正正次――吉田上野介重賢――吉田出雲守重政――┐

┌―佐々木義賢
└―吉田重高（露滴）――吉田重綱――┬―吉田豊隆
　　　　　　　　　　　　　　　　　　└―吉田重氏（印西派）

木村寿徳（寿徳派）

吉田豊要

吉田重勝（雪荷）―吉田元尚

伴一安（道雪派）―伴一秀

加須屋武成

海野仁左衛門景充―海野景充

海野景久―竹中惣蔵―多賀谷季稠―小野吉之丞

森川内膳正俊知

【伝書】『日置流雪荷派弓口傳書』（森川家文書本）

一、足ふみの事。是は八文字にふみはたかる廣さ壱尺六寸斗但大小の男によるべし。左のつま先八文字にふみたる大指から三寸廣けてとゆひの中より少前へつまけなる様にふむ也、口傳。

一、弓かまへの事。是はおし手にて弓取矢はけて先とゆびの前かとへ當根先とゆびの四寸うしろわきへあてかい面と胴とゆびまん中へ一文字になる様にしてひざへすへて手斗にて手斗打おこし射る也口傳。

一、胴つくりと云事。是は又中央の身とも云也口傳。

一、立一と云事。同前也、かゝりてもそりてもおりても悪敷也。はなすじからむなすじ

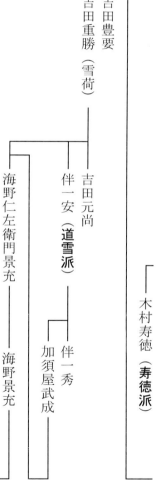

も丶の付根まで一文字にして常のありきなりの様につつたち手斗にて打おこし射てよ
り。
一、横一と云事。手先と妻手のひぢとかいなりに一文字に引たるがよこ一なり。是は身
なりかいな丶りよき射手の事生れ付によりてなおすべし。
一、大切と云事。是は身半分手先へ引出したるが大きり也。手先まへえもよらずうしろ
へもよらずおして勝手とふほねつきぬき十文字にして立横一と云それから大切三分一
と云事也。
一、三分一と云事。妻手へ引込何もかねに合せておしての手のかふと妻手のひぢ先とう
しろにてかねにあふ様に射てるが大切三歩かねにあふと云也かね口傳。
一、うちおこしと云事。ひき所へ心をつけいきつき手斗にて打発またいきつきひき所へ
心をつけて引込也口傳。
一、引込事。是は勝手のこぶしあけてにしかたにひき込也。
一、手先弦あひ四寸五分の事。是は勝手かけとおしての脉所につる間廣さ四寸五分斗に
かまゆる也。
一、ね先四寸の事。是はなにてもあれ當ところのうしろへねさき四寸のけてこぶしあて
所のまんなかへあてすらりと打おこして射れば勝手引込てまん中へあたりて一たんか
つこう能□□からかねに成也口傳。
一、ひぢなりの事。是は引込てから勝手の手くびとかたとかねにあはする也。非痔なり
ははりひぢもまたさがるもわろしうしろへ引まはしかりかね骨にこたゆる様に引込ひ
ぢにせい入かけうつかりとかけて手先からはなつなり。是は身なりかいななり能射手
におしへべし口傳。

一、かねと云事。胴面押手勝手身のかね矢のかねかけのかね引き込てから皆かねにあふ事また座敷のかね弓第一かねにずれたる事あらば矢わざあるまじきかいつれもよしあしかねにはつれたる事大にあしき事也口傳有。

一、強弱と云事。是は握かはより七八寸上へを射る強弱なり。但手さききむる射手には大にわろし、又是を引込所とも云子細いろ〳〵口傳。

一、身のかねと云事。緞は貴人高家座上にて見物被成時我身のむなすじをあて足ふみちがへて射也。是身のかね也。

一、物見と云事。是は押手にあり、弓かまへしてさて射込所へめをつけはなつ物見の事也口傳。

一、こし詰と云事。是ははなつてからはらこし帯聲に付てしまる様に射るがのびになりてよし口傳。

一、ひぢ詰と云事。是は引込後勝手の手の間へ物を入はさみ切様にしてうしろへ引まはしたるがひぢ詰也。是はゆるまる射手又はやくはなつ射手により口傳。

一、すむと云事。かまへてすむ心打おこしてすむ心はなつてからあとのすむ心有て弓くつす第一おさまりのきはめ也口傳。

一、はなしなきと云事。是はおしてになり第一のびの心さけて手先からはなつ様にのびてあと聲に付て射さむる也口傳。

一、かけすしかふと云事。是はこぶしなりによりての事何も心持の事也口傳。

一、矢の道と云う事。かまへになり是はうちおこし弦間廣くかけひきたてろくにひきこみこぶしとかたとろくにたもちたるが矢道ろくなると云也口傳。

一、弦の別と云事。是はかけの道より弦をやわらかにはなつ所弦と別る事口傳。

一、矢のわかれと云事。手先にて矢と弦と別る丶事也。但手にて射らすはかてんあるまじき也口傳。

一、弦の道の事。是は押手にて弓打発かた口迄弦ひきて扨手先へのびて射るがつるの道也。

一、弦のおさまりと云事。是は射かへして弦と手との間二寸八分あまり也。是を弦なり又おさまりと云う也口傳。

一、いろこがた手の内の事。是は弓持手先うわすぢになる様に弓のまへのかた内竹のかどによこ一文字にとりたるがいろこがた手の内也。是を打発ひき取にきわまる也。手の内になる但生れ付によるべし第一口傳。

一、篦につくと云事。是はかまへて矢はけ様に矢なりにひくがのに付射手と云也。第一初心成時は悪敷口傳。

一、くる身の事。是は立てもつくばひてもむしが得手次第也。但つくばひて射様ひざつききびす尻へつけ右のひざかしらをひらき身なりにのびてかた口もちり手の内顔なり勝手へ引付かた口のひは付て手先からはなつ様に射べし色々口傳。

一、さすみの事。是もあしぶみひとつなり。射込所へこぶしあてひくうちに胴のけ身をわり込のひは付てはなす。是はひらち山なり谷こしによる也口傳。

一、つくばひて射様の事。左のひざをつき右のひざを立とうろくにもち弓もとはずひざのうりろかとへなしさてかまへてあけうちおこし身わり込か丶る様にて弓斗のく様に少ふせてのび斗心掛手さきからはなつ様に射る也、かけこぶしに口傳。

一、ためし物射事。弓はぬりていかにもしたるき弓よし。つるもふとくさくりも大きにゆびにて射へし口傳。

一、弓矢かつこうの事。矢束二尺七八寸ならば弓七尺四寸斗なるがよし。矢三尺あまりならば弓七尺五六寸なるがかつこう也。但射て見ての心持なり。少ながくても手先よわきはくるしからず口傳。

一、はちかき弓とくの事。是はほそ矢によし口傳。

一、は遠き弓とくの事。是はふとき矢おもき様すけたる矢によし又はしり物射るにより子細有口傳。

一、弓ひく射手と云事。是は手先つよき射手弓斗ひき出し手先へ斗ひくが弓ひく射手也能事也口傳。

一、弦引射手と云事。是は手先よわくかゝみ勝手へ引過たるが弦引射手也。

一、弓うちよはき射様の事。是はにぎりさけて射べし。

一、胴に五つと云事。内一つ悪敷事四つは能なりといへどもかゝりてものきてもそりてもおりても悪敷なり。たゝ常にありきなりの様さつ立て射べし口傳有之。

一、手先に五つと云事。是は能事内一つ悪敷事四つ也。さがるも上るも前へ寄とうしろへひらくもあしきなり。たゝ居ながらにして筋骨ちがわざる様にして射べし口傳。

一、勝手の五つと云事。是は右のごとくひぢさけても上けてもひきすぎてもまたひかでも悪し。たゝこぶしなり能かねに合て後へ引込てよし口傳。

一、二町の内外當草目あての事。射様は立てもつくばひでも常のごとくひら地谷にも足ふみに有。射てみすはかつてんあるまじき也。當所手先見込様五反六七反迄は押付て可射、是は常の弓の事小兵精兵によりての事當所へ手先當そのすぐひき総へ心を付て可射。又一町半二町の物射時目當の草の通り上成山雲草目あてにしてねらふ也。是も常の十間十五間も上をねらひて當草の所へ矢射込様に可射、其心見にて第一矢をかけんして射べし。何も先はや迄たかく射る第一の心持也。常に稽古口傳。

一、堂射様の事。さまく多き物にて候。其故はそりて過る弓も有。ふせてとをる弓も有。手先も勝手もくるわざる様に矢を能引をむくやうにはなち候事第一之儀也。矢の高下は一つ二つ射かけ候はねは不知もの也。乍然前にとく有上にとく有口傳山のごとし。

一、堂射おり目付有様兵ならば矢先えんはしらのき口のたる木のはしを目付にして可射、前きれのおりは右の足ふみ出して可射、小兵ならば目付十八九間先にすべし。能たんれんして矢数四つ五つ程宛可射第一口傳。

一、あうんの心持の事。他流はあうんにてはなつなり。當流はあの内にはなちうんにてのひて詰る聲也。やあともえいともかくるあり口傳。

一、えいとかくる聲子細の事。是はある合戦に日置老矢先にたまるものなく矢たねつきて弦おとしてえいと云其聲に驚きて敵しりぞく也。扨其日の合戦勝軍になるにより其聲を則拍子を取れはよりと云てそれよりかけの聲と云、それよりたんれんして弓に拍子を合えいと云聲はさまる也。

一、やあとかくる聲子細の事。是は聲不出候故によりえいとかゝれば腹しぶるによりてやあとかけさする也。人々によりかくるなるべし。

一、聲かくる拍子の事。はなれと一度にかくるは聲は一調子の切とて悪敷とも云同くははなれははなれ聲は聲別に成様にかくる也。其故に一調子の聲は萬事分前可立之第一はゝむゆへにしやくりにもなるべきか。

一、敵とあいさま様の事。一間也ともさまたかくきりて可射。矢下なれば内にておい出来内に人居たまらぬもの也。たゝし山なり土居形屋くらせいろうによつての事也口傳。

一、弓に矢はけて手のかねの事。弦に矢をはけてさくりの所にて矢と弦と立横のかねに合てかつこふ也。もとよわきと本つよきとの弓よりてはくる也。本よはき弓は根先五分も上て射べし。又本つよき弓は根先五分斗さげていべし。

一、うつぼにさす矢なみの事。是はみよりをあけてさすべし。但すやきなどはみたきてもさすべし。尤手先に可置矢によりて取能様にさすべし。但上さしは冬は平根夏はかりまた能也。

一、ぬり弓にせき弦をかけてさくりも大きにゆいてよし、ぬりもおもき様にぬりてよし。弓したるくそこの有様にかねて拵たるがよし。手前におもみあれば図ぬけ能もの也。但野伏射込などに細弦かけたるがよし。

一、矢の根持様の事。是はかりまたなどは能ときてはも付てよし。但けんじり或はとかり様などは能みがきて能もの也。

一、あふり打の弓はじまる事。是はかみけつる節の竹ににかはを切付ていたし、うへは水付てよりはなれたる時にさてあるもの炭火にてあぶり付にして後水にひたしてもはなれぬによりてある人にべして付むす事ならざるによりあぶり付にして見る、水にてもへけず一段能を見て弓をあぶり打にして見るによわきもつよく矢はしりも能により夫よりはしする也。

一、ぬり弓ゆがみ又よわみつよみを直し様の事。弓はこすの油をぬりわら火をたきあたゝめ直す、同くはあつゆの中へ手拭をひたし弓をまきてあたゝまり入候。刻直し候もよし。

一、遠矢はき様の事。是はのこしらへはひのけ能入てためあらひ様は細くならざる様に洗、扨篦中にしかけ合本一分二分程かろき様に篦かたまりてより羽を付る也。扨二尺九寸内外の矢羽たけ二寸四分半程成がよし。紙はき羽余からはず先迄の長さ一寸四分にはぐべし。又二尺八寸内なる矢は羽たけ二寸四分程成がよし。紙はぎよりはず先まで長さ一寸三分半斗にはぐべし。篦拵は右のごとく也。但篦洗きれば當分はゆけとも後は篦よわくなり不行能篦まれ也。また羽は小鴨の肩よし但風によりよの羽も付る口傳。

一、遠矢秘密の事、是は前かと射たる篦悪敷とてはき直す事有、見苦とも其まゝ直して可射。又當分一度なりととばせ度とおもひ候はゝもと五六寸斗すこしあらい能火を入て可射右より能ゆく物也。

一、火矢はやさの事。拵様は常の鉄炮の薬にかみの油をまぜて能ぬり候て四度に能くゝり射べし。口薬さし様口傳あり。油過らへば火とろ〳〵とよわく立候。油少にし些ければ一度に火はしり候。たんれん第一也。火矢の法すた有之間別紙にのせ候也。

一、筒火矢拵様の事。竹のふとき二寸内外長さ四寸七八分五寸斗のたけ上かはをけつりしぶにて二三へん程うすき紙にてはり本をかりまたの様に切薬四度かけて成程些く付込矢の先へちんとうの様にすけ口薬は向かせにおい風により付べし、射候て見ふ申はかつてん有間敷射様は口薬に火を付筒に火うつり候時分射から申候。

一、打切に射させて能事。是は射かへす心悪敷也。自然にかへす様におしへべし。ちかにかへし候はんと思心あらば小うて行て其曲後まで直兼る物なり。のひ斗心かけ手の内ほつこりとはなる斗にてかへるがよし。弓もし取おとしても不苦後には能かへる物也。第一口傳。

一、あをのく射手直様の事。是はむねにてひろさ一尺五寸斗にふますべし。但大小の男によりてふまする也。弓如何程もよいきにて稽古すべし口傳。

一、先へかゝり左のかたはらにくる射手直様の事。是はまきはらへ向てかまへさて右のつま先一文字にうしろへふみ左のつまさき右のきびすの通へふみきびすとつま先との間五寸斗にふみさてねしむかつて可射、胸なをり次第に足ふみすこしつゝなおるべし。

一、よりひち直様の事。是は弓かまへいつものごとくかけ扨たけたかゆび人さしゆびの付根のふし弦きわへつめてかけゆかけかけおゝいとうでくびの間一寸程にある様にうちおこしてにじかたにひいてさてひぢさげて引込也。是もなおり次第にかけなおすべし。なをつてからかねに合て可射也。

一、手先弓立過引射手直様の事。是はひきすへむねおり込肩ふせて弓引出し射也。但ふし過たるよりはましなり。

一、胴くねりたる射手なをし様の事。是はかつこうより廣くはたかりつま先両方なからすへきびすころぶ程にはたかりひさすへてつり立射べし、但弓よわきにて稽古すべし。

一、勝手ひぢさがる射手直様の事。是はいかにもきめてかけて手くびおし込左のひぢに情を入ひぢから打おこし射てよし、ひぢ直り次第にかねに合てからきむる事を可直候。

一、生付能射手直様の事。是はしのはり七尺八寸にもいさして是にて稽古すべし。扨足ふみ弓かまへ胴つくり立一横一大きり三分一何も能かね合て五六るも引弓斗をいたし、扨何も詰所を能覚てより本の湯 m にてよわきを以うちきりに射さすべし。押手に肩をもたせて先手内能取覚させて弓射かへす様におしゆべし。

一、手先手に内拳なりの事。是は大地の杖つくごとく是は手の内こぶしなりがてん不行人にはやくおしへんため也。其心得は杖と云物は我方力に成によりうばおうぢ子供もならいなく握てつく也。其様に弓も握りたるよし。是は生付にすればつよみ成をしらせんため也。死生の二爰にあり能々おくにしるす事か。

一、勝手大指弦にかけてかねの事。是は勝手にて身つくろいしえり取ておし込其手矢はけたる所すぐにゆびにきらすゆびすほめて取付也。さて矢やみけおりに大指一文字に矢のたにあて大指の節かヽりの所へ弦あて指の付様のふしと中のふしとのまん中に弦有様にかけたるがかね也口傳。

一、手先おつる射手直様の事。是はかけにてすこし弦をひねり人さし指にて矢をおさへて手くびつき出してにしかたに引也口傳。

一、弓ねしかへす射手直様の事。是は前のいつく手のうちをにぎらせいさすべし。直りたる時分にろくに取いべし。

一、はなすおりひらく直様の事。是は引込てからひち手におして入ていさすべし口傳。

一、弓かつく射手直様の事。是は手先にて不直勝手にて直べし。かけ常の所より壱寸下て手先拳なりに引おしてのび計にて可射口傳。

一、ゆるまる射手直様の事。是はうつかりと引込て勝手ひち能詰て手先のび斗心懸てうつかりとかけ手先からはなつ様にひつしりと射さすべし。

一、肩の高き射手直様の事。是はかつかふより足ふみひろくはたかり可射口傳。

一、かヽる射手直様の事。是は左のつま先を内へふませきびす出してふみ右の足爪先をひらき胴はつつ立て手斗にて打発、足はひざなりにおりそらしはなさする様に射べし。

一、早き弓直様の事。是は気也。心にて直すべし。おしへにてはならず、気のて直せば直る也。其子細は屏風障子などはおし當引てはなさぬ物なり。又まきはらへかヽればじややはなす也。乍去はやき弓幾度も引弓してたもちはなつ也。又あいく はなしそうにてゆるめて直す。また打上て引しかく と下て矢つかの能詰りを見て能しめてはなせばたもち有也。但身なりかいなヽりによりて直様口傳物也。又爰を一分の詰五分のはなれと云はのび也。無心を以射さすべし。其心付さへあらばおのつからいつともなく直り候物也可秘々々。

一、手打弓直様の事。是は弓そはめに取てにぎり引所へ心を付弦なりに勝手へ弦の間を廣く引込也。但かいなへり生付により直し有口傳。

一、肩のひくきを直様の事。是は常の足ふみ寄も一尺もすへてふませべし。ひち先と手先とへ気を付引てかたにてのびて可射。

一、かけこぶしなりの事。是は横成物を取て引がごとし、此心こぶしなり、そりてもかゝみてもゆるみてもつよくてもひかれざるにより生付ににぎりて引はつよみ成をしらせんためしるしたる方便也。他流のおしへ色々たゝ有之により當流は横成物を引がごとく生付のこぶしの様にかけて引たるがよし。色々かけたしといへごもみな悪敷事也。ほそき矢大根射るをりも少宛心持ち有之。一つのかけたんれんすべし、是は可秘々々口傳多し。

一、右のかたわらにけ胴のく射手直し様の事。是は左の爪先をまきわらへ一文字になる様にふみ扨右の爪先ひだりのきびすの通になし、きびすと爪先間ひろさ五六寸の射也。胴直り次第足ふみ可直口傳。

一、こぶし矢にてすりやぶるを直様の事。是は矢の根の方はつより五六分もさけてかけ人めにはみえぬ様に可射口傳。

一、大指わると云事。是は門櫓にて敵付はしら切打上より射様弓打かけて引まはし扨足ふみちがへて手先をしか〱とさけてさまの能いあたふみたる左の大指はしらへ當下成ものねらひて可射。

一、さま切様の事。是はくゝりの上を何とても敵付かゝみそう成所に見合てよし。常にはふさぎておく也。先東西には不切事也。然とも所によりいつれにても不苦口傳。

一、雲を取と云事。是は遠矢射おり能き高さの通に雲にしるしおして引さてまたはなつ所にも不違もの也口傳。

一、山を取と云事。是は一町半の内外射おり當草の通り上成山にメを付高さひくさは我弓勢程にかけんして可射常に稽古肝要也。第一の口傳。

一、木を取と云事。是も心持壱つ也。射込さし遠矢のをりも其通の木りのも目を付てくりかへればかならず通りはつれざる物也。高下は一つ射かけて見てかけんすべし、第一口傳。

一、かけ口傳の事。是は弓かまへして胴作して右の手にてえりを巻込帯しきはにて手をおさめさて手先からまさる様にのはしさて右の手と丶く所へ弓引寄て右の手と一度にさう方の不行途様にして弦に當りはけたる矢下へかけの大指のふし弦にて矢なりに一文字に大ゆびかけ扨人さし指たかく指の節にておおゆび能おさへゆび先へは少も力を不入うつかりとして中の節にて能おさへこぶしなりはきはめてものへても又たかきてもひらきてもあしき也。た丶生付の様にろくにして胴をすへて手斗にて弓打発弦なりのごとく引まはして可射、是もながくしさらぬ様にかけべし。弦の通にたちろき候は丶図々はやけ付物也口傳。

一、手の内口傳の事。是は弓構する内に押手にてうわ筋すくに弓の内竹のまん中ににぎりて弦と手首と脉所と弦間四寸五分斗あい置て構をして人さし指のねにておし指先へ情を不入大ゆびすへに成様にもち人さしゆびはしき是もゆび先へ情を不入もち大ゆびの根のふしと人さし指の節と一分程ひらき候様ににぎり構ゆるなり。大ゆびしまればやどれする物也。又人さし指しまれは弓立通て手の内ねかへして皆手にはつれ引込胴何れもみな違弦なりにひき弦道能あればたとへは十束引て十三束に成也。手の内能々取可覚事第一也口傳。

一、つりあいと云事。何れの道にても押手勝手胴迄もかたつりなき様に思ひ一つを本意にして心は心はやきもおそきもみなく〵心也。つりあい悪敷はくいあふ所もなくすぬけなどして中々悪敷物也。ろくにつり合心壱つをおとし付て射かけ候はヽ的巻はら遠矢指矢ともに思まヽにはなれまことに矢のはたらきも可然もの也。能々たんれんあるべし。

一、惣まくりと云事。是は九十ヶ條を一同に用心也。此書物を能々見別我心にかかへそらにて相傳可有事第一惣別流と幾通も有之といへどもわきまへざる非道なるべし。弓も矢も弦もかけも手の内も構なきこそ尤道理の前に候然とも的巻わらのは少心持有しるすにおよばず口傳可有之。高上の心三所のくらい三つのすましとも云つよみはよわみよわみはつよみたいやうの次第なり事々つよければ事おほしよはかれば事すへなし誠ひすべき事也。

右此九拾箇條仮名目録當流之雖為秘極多年就御懇望御傳受仕者也。

寛政十一巳未歳正月　　多賀谷文四郎　季稠（花押）

呈　森川兵部少輔俊知公

一方、道雪派の流祖は、伴喜左衛門一安といい、喜左衛門と称し、道雪と号す。もと建仁寺の小番で、田辺藩主細川藤孝の給仕役として召抱られ、藤孝が吉田重勝（雪荷）を招いて弓術を教えてもらっている間に弟子に加えてもらい上達し、天正十六年七月印可。吉田重勝は、子の六蔵が幼弱のため彼に跡を継がせようとしたが、道雪は六蔵を助けて家芸を継がしめ、自分は別に一派を立てることを願って師の許可を得た。慶長七年頃尾張徳川忠吉に仕え、のち大和郡山藩松平忠明に仕えて、元和七（一六二一）年七月十一日没す、宝林院道雪居士。

　生実藩へは、幕士安富元章より江戸時代末期に藩主森川出羽守へ伝わった。

○伴一安（道雪）――伴喜左衛門一秀――伴一政――
　├伴一親
　└鈴木十郎左衛門重時――┬鈴木重勝
　　　　　　　　　　　　└神先政右衛門重清――┬神崎栄重
　　　　　　　　　　　　　　　　　　　　　　├神先充有
　　　　　　　　　　　　　　　　　　　　　　└内藤重康――
――安富景山元輝――安富元親――安富元周――安富元章――
――┬下平勝次郎元富
　└森川出羽守俊徳

【伝書】『日置流弓頭書之事』（森川家文書本）

一、足ふみと云事

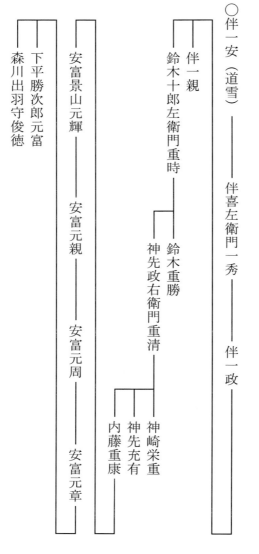

一、弓かまへと云事
一、胴つくりと云事
一、たつ一と云事
一、横いちと云事
一、大きりと云事
一、三分一と云事
一、うちおこしと云事
一、引こむと云事
一、手先弦間四寸五分の事
一、根さき四寸の事
一、ひちなりといふ事
一、曲尺といふ事
一、弦弱と云事
一、身のきくといふ事
一、もの見といふ事
一、こしつめと云事
一、ひぢつめと云事
一、すむと云事
一、はなしなきと云事
一、かけあつしと云事
一、矢のみちと云事

一、弦のわかれと云事
一、矢のわかれと云事
一、弦のみちと云事
一、弦のをさまりと云事
一、おろこがた手のうちの事
一、のにつくと云事
一、くる身と云事
一、つくばい射様の事
一、さす身と云事
一、ためし物射やうの事
一、弓矢恰好之事
一、かちかき弓徳の事
一、はとふき弓とくの事
一、弓引射手と云事
一、弦引射手と云事
一、弓うらよわき射やうの事
一、弓ちから定事
一、にぎり革巻所の事
一、村雨と云事
一、あさあらしと云事
一、きり矢束と云事

一、さまへかゝり射様の事
一、矢狭間きりやうの事
一、壁あつさ八寸内外の事
一、壁中こみつち仕やうの事
一、鎗さまと云事
一、山なりと云事
一、土居なりと云事
一、てつく地付と云事
一、押手人さし指はぢく子細の事
一、放し所と云事
一、放さるゝと云事
一、矢の根すけてかつかうの事
一、四つたての矢羽の子細の事
一、軍陣え持てゆくべき矢の事
一、馬上にて弓納處の事
一、ゆかけ指心もちの事
一、いつく手のうちと云事
一、まとひかけの事
一、とつてゆくと云事
一、ひかぬ矢束と云事
一、十三束引て十束に成ると云事

一、十束引て十三束に成ると云事
以上六拾五ヶ條
伴喜左衛門入道道雪一安在判
伴喜左衛門尉一秀在判
伴喜左衛門尉一政在判
寛永十九年孟夏十五日
鈴木十郎左衛門入道道清重時在判
寛文七丁未歳五月十五日
神先政右衛門尉重清在判
元禄九丙子歳二月七日
内藤勘右衛門尉重康在判
享保三年戊戌歳九月十一日
安富景山元輝在判
安富勇山元観在判
安富軍八元周在判
安富小膳元章　印
安政六未年八月十二日
森川出羽守　殿

【伝書】『日置流道雪派仮名目録抜書』（森川家文書本）
一、足踏は八文字己が矢束程にふむ也。左りの大指の爪根を目当物に当る。右の足は左りの曲尺にしたがふ。前矢後矢遠近高下足ぶみに有、肩腰の詰も左右の肩も誰もあしふみにて直す。足踏のかねといふ。

足踏は百にかわりの有ぞとよ　おのが身なりのおのが身の曲尺

一、胴造は不掛不退不反不屈中庸の胴、常歩行のかたちに立なり。たつ一文じの曲尺是も遠近高下の口傳有。

胴つくり立てそのまゝ其かたち　つまらずつめて息を詰され

一、弓構は左の膝に立身の角に構脉所と弦間四寸五分矢先を向にてねらふ物の四寸後に構れば身なり曲尺に合。是を弦間四寸五分根先四寸の曲尺といふ。

弓構は弦道なりを其まゝに　身なりひぢなり四方の恰好

一、掛は弦にうつる時手の甲にはりなく手首をれずあがり過ずさがり過ず肩より手つづきろくに弦ひねらずゆびしがみなく弦道にかけて引時は肘にて引たつる也。これをかけの一もんじといふ。

掛かけず弓をにぎらず弓は射ず　弓に射らるゝ人ぞゆかしき

一、うちおこしは身の角に構てそのまゝ打おこす也。本末はづを心にかけて末はづは天をつき本はずは大地のついて上る心にうちおこす也。もとはづ前に出る時は弓てる身に添て上る時は外過る也。矢先へ出る時は弓のろく勝手へ寄時はひぢはねて弦あひせまく成也。かまへたるまゝに上るを打起のかねと云。

打起本末はずにこゝろして　手の内なりに弦道をせよ

一、引取は左右の肩ろくにうちおこし三分一の曲尺ちかわざるやうにひぢにて引取おのれと左右の肩ろくになるを横一と云。

引取は高く取付たかく引　ひぢをよくつめ一味三骨

一、はなれはひきあさまるうちより引あひつめ合おのれとみちてのびにしたがふてわかるヽをじやなれといふ。

はなれとははなるヽ時にはなされて　しらずしらせず是ぞ七道

右曲尺合當流雖為秘事数年當流射術就御出精書記御相傳申上候。必他見有之間敷候也。

安政六未年八月十二日　安富小膳元章　印

森川出羽守　殿

第二節　馬術

馬術は、馬を乗りこなし、活用する術で、それは古墳時代に遡るといえよう。江戸時代になると平和の世の中となり馬術の実用価値が減退したものの、武士の最も尊重した武芸として重視され、特に上・中級士の必修技とされた。

流派と始祖は、大坪流（大坪慶秀）、大坪本流（斎藤定易）、佐々木流（佐々木義賢）、上田流（上田重秀）、荒木流（荒木元清）、八條流（八條房繁）、新當流（神尾織部）、新八條流（関口信重）などである。

生実藩へは、大坪本流が伝わった。

大坪本流の流祖は斎藤定易で、幼名庄三郎、主税、のち青人といい、大坪流八代斎藤辰光に学び、五駄の法を編成し、江戸中期において最も名声が高く、『武馬必用』（享保二年刊）などを著し、多数の伝書を残した。延享元（一七四四）年八月十七日、八十八歳で没す。
（元禄頃に大坪流に基づき、斉藤定易が開く。教則を正し、百数十種の伝書を揃え、常馭術・相馭術・礼馭術・軍馭術・医馭術の五種に組織して近世馬学を大成した。）

大坪流十一世之孫
〇小柴宗右衛門直静 ―┬― 森川内膳正俊方
　　　　　　　　　　└― 氏家三之丞弘精

【免状】『免状』（森川家文書蔵本）

大坪流譜也。乗人任我意欲善此道者一生可難得明所也。起居動静盡心而不離手綱於掌握加工夫於鞍轡不可在徹其術之幽微也畢竟要一気而已于然弟生歳月無倦怠且令授馭之遂因得書簡紅総之鞭授之畢。向後於在大望之輩以神約可在相傳者也。

迎来流之本道
鹿嶋流之大統
大坪　十一世之孫
小此木宗左衛門直静　印（花押）
慶応二丙寅年十二月廿五日
氏家三之丞　殿

【伝書】『大坪本流常馭事法目録』上（森川家文書本）

一、騎下之事
騎下とは馬に始て騎り下りするを云。乗人馬の智を愛て乗るを騎下りと云、其乗先可乗以前に馬の相形を見て三角の曲尺に付て手綱を右手に逆手に取左の手にて鞍に掛り候。手綱をはづし右の手の中にて十文字にすべし。馬に乗時に三隅の曲尺に附てのれば人袖を馬の喰ふことなし。又跡へ付は鐙るなり。三角の曲尺にてのればはねることもなし。乗時右の手にて取髪をとり左の手にて鐙のしたさきを押へ鞍の雉子股を力にして乗るなり。是を騎と云下る時は右の手はのるときの如し。左の手は鞍の前輪の山形を手をかへしてをさへ下る也。是をしたると云。

一、馭實之事

馭實とは乗實と云ことにて馭實と云。馭實は躰正くのるなり。乗人の心正くして乗る時は馬其正直を愛て能すなほに行なり。正直は則實なり。聖徳太子馭馬本記曰八面の位にをくと説り其業四面六方七所三段三折三六寸とて其外十二の曲尺ありて躰を正くするなり。故に是を馭と云なり。

一、地道之事

地道とは馬始て歩む足を云。馬は地精なり、地精の馬始て道を歩むの足なるゆへに地道と云なり。乗人手綱を以て會釋をせすしても馬の方より地道に行なり。故に乗人會釋をして馬に地道の足を出させ行は乗人は馬上に居て天なり。馬は地を行天の運動によつて地精発して物を生ずるの理地道の足より馳をのり驅にいたるまで乗人の方より教へて馬を走らする皆右の道理なり。故に地道を馬の始の足とす、其業調子をしづめ応じて乗なり。手中和に左右へゆりかくるやうに乗を云也。

一、伸地道之事

伸地道とはいれかま首の馬に用るなり。伸道とは伸るくんにて伸地道とは云なり。其業ぢつとんと會釋向へ伸すなりふくとを結て行馬に用る夫を其業にて伸すが故に伸地道とは云なり。

一、詰地道之事

詰地道とは伏免を伸す馬に用る也。其業ぢとんと向へ伸し手前へ詰るなり、故に伏免を伸たるを詰るゆへ詰地道と云也。

一、颪地道之事

颪地道とは生れより振かゝる馬に用るなり。山颪の吹が如くあるゆえに其名を颪地道とは云なり。其業前をとる馬ゆへにつねの地道にてはあいしらい片あいしらひになるゆへ馬と一つなり。乗人の躰も一つに左右の鞍へ移かへ々々あいしらふ故に颪地道と云也。

一、軽強地道之事

軽強地道とは上脾の少し口ねばきに用るなり。其業軽く引て重く放すなり。頭を強引て軽放すなり。陰陽の巻にては是を陰の引と云是を軽強地道と云は手先を鞍の通へあいしらうが故に軽強地道と云也。

一、重強地道之事

重強地道とは下脾の馬口強木に用るなり。其業重引て軽放すなり。頭を強引て軽放すなり。陰陽の巻にては是を陽の引放と云なり。是を重強地道と云は手先を鞍の通りへあいしらうが故に重強地道と云也。

一、流手綱之事

流手綱とは鎌をぬかせず喰しメ行馬に用るなり。其業地道の中にて會釋なり手を伏て左右へ馬に知らせず鎌をぬきくつろくるなり。是を流手綱と云は馬の口へ水を流て行が如くあるがゆへに流手綱と云也。

一、落手綱之事

落手綱と云は馬の頭を上けて行に用るなり。他流にては馬の頭を上れは手を下るが故に馬猶あいてにして頭を上るなり。當流にては頭を上ければ上を引下へ落すが故に落手綱と云也。陰陽の巻に軽きものは上つて天となる、重は下つて地となるのも左の如し。

一、反手綱之事

反手綱とは馬の頭を下て行に用るなり。他流にては頭を下れば上を引なり。上をひけば馬あいてにして猶下るなり。當流んては其業頭を下れは手を下強くをさへて上へ上るなり。是を反すと云は下を引上るが故に反手綱と云なり。

一、天地切出之事

天地切出とは馳の中にて止る馬に用るなり。其業片手を仰け片手をうつむけて天地にかたどり切出す也。故に天地切出と云なり。

一、九折之事

九折とは横に歩み又山坂乗亦口入に用るなり。横歩の馬は心曲りて直に行かざるなり。其を直になさんとするが故に馬逆立て直にならざる者なり。其時に乗人の方より九折にして横に歩ますれば馬退屈して直になるものなり。山坂を乗には上り坂には前輪に乗揩し馬に知すべし。下り坂には後輪にかかり鞍へかかり強も和き翔破る気も折るる故に和くなり。是を九折と云は藤をかへし〲葛籠を折るが如き故に九折とは云也。

一、掛メ之事

掛メとは乗すまひする馬に用る也。袖を喰しさりなどするにも吉。其業鞍の手形へ手綱をかけ引しめ取髪をとり乗人は浮立て乗なり。舎人なき時も宜なり。是も掛メとは鞍かさに手綱をかけて引しめ乗故に掛メと云なり。

一、睢メ之事

睢メと云は鐙馬立馬に用るなり、又は桜狩一騎乗に用。其業馬の前足の間に手綱を通し頭をつよく下け其手綱を四方手へとり添て手綱を逆手にとるなり。是を睢しめと云は睢と云鳥は海に浮魚をとる故上を見る事なし。其如く馬頭を下るゆへ鐙立事成さるなり。故に睢メと云也。

一、隅口之事

隅口とは何れの馬にも隅はのる者なり。丸く返時隅の字を書なり。四角に返時は角の字を用るなり。隅は馬の気静て気発る所なる故に角は惣じて静て返すべし。上脾はなをく〳〵角を大きに静にして返すべし。下脾はたるめず返すべし。隅を返すとき當流にては右へ返さんと思ふ時は左へ付け右へ返すなり。如此返せば馬の口も片口ならず。又他流のやうにすぐにかへせばとんほうかへりになりて馬足もつかわす返るゆへに片口となり悪きなり。又軍駁靏習其之手綱となるなり。他流の如く直に返せば敵に向甲をわられ悪き也。當流の如く左右へ返せばうけ流す太刀になりて宜きなり。是を隅の口と云は丸く返すがゆへなり。

歌　其如く返すが故に隅の字をかくなり

隅の名は大隅小隅六の隅　さてまた廿七方の隅

一、引放之事

引放とは馬の気を和けて翔出す気もくちけ會釋てぢっと放せば本の口となる所をとりうけて乗るなり。下脾の馬は強く引て放すなり。上脾は清放すを引放といふは惣じて馬の気の其先心をやわらくるゆへに引放と云也。

一、馳之事
馳せとは馬の進て行足を云なり。上脾の馬は調子を引下て中脾をば小陽調子にて乗なり。下脾をば大陽の調子にて乗なり。是を序破急の馳やうと云なり。是を馳と云は糊をばはむ如く有ゆえに馳と云也。

【伝書】『大坪本流常馭事法目録』中　（森川家文書本）
一、向拍子之事
向拍子とは上脾のむら立行の用ゆ。其業向へさら〳〵手前さら〳〵と會釋也。上脾むら立行をさからひ強引は相手にしてむら立行ゆへ悪しきなり。右の如く會釋ひのれば足もはやくなり其中に居木にうつりすれば先へ馬破る心和き足はやくなる者なり。是向へのあいしらひを専にするゆへに向拍子と云也。
一、繰拍子之事
繰拍子とは云は中脾の破るに用ゆ。中脾なるゆへに始を強引て向へさら〳〵手前へさら〳〵と引あいしらうなり。強引てくぢくは中脾は少し脾をとる故に其翔破る気を強引て其心をくぢきすわるなり。是を繰拍子とは口をくるやうにするが故に云なり。
一、小探拍子之事
小探拍子と云は口子ばくしてあきかゝり行馬に用。其業手綱を鞍かさの通へぢい〳〵と三度引さら〳〵とくつわをならしぢとんと放せば口の子ばきが和きふさくなり。是を小探拍子とは其口を探りて子ばきをさへさするゆへに小探拍子とは云なり。
一、送拍子之事
送る拍子とは鎌を抜出し行馬に用ゆ。其業は左右へ流手綱の如くはみを馳にて直してちとんとはなすなり。是を送拍子とは鎌をぬき出たるを送りて本の位にのるゆへに送拍子と云なり。

一、抜拍子之事

抜拍子とは喰しめ鎌抜せす行馬に用。其業左右の手を伏せ左右へはみをぬくなり。後をぢとんと引て本の位にするなり。是を抜拍子と云は鎌を喰しめて左右へ抜せぬを抜故に抜拍子と云也。

一、上拍子之事

上拍子と云は頭を下るを上るに用。其業手を下へさけ下にてぢとんとしめ上へあいしらうなり。是を上る拍子と云は下にてつり合上る故に上拍子と云なり。

一、下拍子之事

下拍子とは頭を上げたるを下る時用るなり。其業上にてつり合下へ下げるなり。是をした拍子と云は頭を上にてつり合下るかゆへ下拍子と云なり。

一、蹴込之事

蹴込とは無髀の表気を清さするに用ゆ。業は手を寄せ角を強當てばた〳〵と馳を乗なり。是を蹴込とは強く蹴て馬を寒さする故なり。

一、諸當之事

諸當とは下髀のさえざるを左右への手綱と一所に角を當るが其業手強くして馬気さへて宜きものなり。是を諸當と云は手綱と鐙と一つに相応して行故に諸當と云也。

一、片當之事

片當と云はもたれ切る馬に用。其業馬切さる方の手綱をさへもたれ切るヽ方の手綱を鐙と一つに強く當るなり。片鐙と片手綱と當る故に片當と云なり。

一、加勢之事
加勢と云は勢を付るに用。下髀の馬たるきに気を起すに可なり。其業立拳に取強く口に當るなり。是を加勢と云は馬に勢を加る故なり。
一、漣漪之事
漣漪とは中髀の少し口子ばきに用ゆ、又は轡を喰しめ行馬にもよし。下髀の如く加勢をかけては強すきるゆへに漣漪をかけていさみをつけるなり。是を漣漪と云は春風長閑に吹時に湖水の波うきやかにいさますするなり。業は手を臥てちゃん〳〵とさへて和に切が故に漣漪といふなり。
一、颪馳之事
颪馳とは生より颪に行馬に用。其業鞍の前輪にかゝり乗人の鞍の上腰を薄紙一枚ほど浮立手綱を下げ颪足乗て隅にて拍子を乗なり。其時鞍も拍子の鞍にてなをるべし。是を颪馳といふは山颪の吹が如く行足なる故也。
一、合手綱之事
合手綱とは乗人の中にて拍子あしくなりたるとき用ゆ。其業鞍を後輪へ少し掛て手綱と鞍と引合て乗ば本の足となりて拍子とは云者なり。是を合手綱と云事は手綱と鞍と取合する故なり。
一、躍馳之事
躍馳とは駒のだくに行に用ゆ。其業鞍を前輪へかゝり少しはさみ手をよせるは先心を附んがためなり。是を躍馳やうと云事は駒の野山の生れ足はだくなり故に爾云。
一、鑣返之事
鑣返とは馬の口をわるに用ゆ、但し割せまじきとする時用るなり。割さかいに可也。

其業手を上て鐙と共に左右の手を上るなり。其後手をくつくりと抱へるなり。是を鑣返と云ははみを返すが故也。

一、中抱之事

中抱とは少し翔出す馬に用、又口を引時中抱にむつくりと抱へるに可なり。其業腹を強出し鐙も向へ反しきひすを上け手を仰のけて抱る也。是を中抱と云也。

一、大抱之事

大抱とは強く翔出すに用ゆ、与風翔出す時にも可也。其業鐙を踏出し抱へるなり。是を大抱とは躰にて大きに抱へる故なり。

一、小漣漪之事

小漣漪とは上髀の口子ばきによし、又喰しめて行にもよし。清さる馬にも可なり。業は手前にちやんと切向へくじき向にちやんと切手前へくじくなり。手は伏たるを立て切也。是を小漣漪とはちいさく切つてさざなみの會釋をすこしくあいしらふ故小漣漪とは云也。

一、小釣瓶之事

小釣瓶とははしより切る馬に用ゆ。其業切る方の手綱を下げ鞍は切る方へ乗うつり切れざる方へ手綱を上け鐙を開きつり出すべし。是を小釣瓶と云は釣瓶を少し上けたる如くあるゆへなり。

一、大釣瓶之事

大釣瓶とは胴より強く切るに用るなり。業は切ヽ方の手を下て切れざる方の手をあをむけ鞍は切る方へ強くしくべし。鐙開てついだすべし。是を大釣瓶と云はつるべの高く上りたるをさして大釣瓶といふなり。

一、之事
違引とは肩を出し切る馬に用ゆ。業は切る方の手綱を違へ平首へ推付切れざる方の鐙を開くべし。是を違引とは業と目付と違ふ故に云なり。屏等へ打付切るゝに可也。
一、一二手綱之事
一二手綱とは鑣を喰出し、又は口先を曲るによし。業は鑣を喰出す方を手綱にて横に當るべし。左右より中るなり。是を一二手綱と云はちよん〳〵と切る故也。
一、肌守之事
肌守とは立馬に用ゆ。其業立には鞍の前輪にかゝり片手は取髪をとり片手を推下け衛綱の露を手のくろぶしにかけ推下けべし。目付はあぶみの方を見るなり。是を肌守と云は馬己が肌を守るが故肌守と云也。
一、身副之事
身副とは鐙馬に用。業は鞍を後輪に乗強くして手を違て鑣を馬の口に當るなり。はねる気を口にをかされてはする気直るものなり。是を身副と云は身にそへて引故に云也。

【伝書】『大坪本流常馭事法目録』 下　（森川家文書蔵本）
一、振違之事
振違とは込馬に用、又は口を引にも可なり。業は鞍を後輪にかゝり手を左右たがひちがひに折付鐙をたがいに開べし。是は又退い馬に好が如く手綱共云なり。
一、持切之事
持切とは首根なえる馬に用。其業手えおよせ強く切るなり。切るは遍をかさね切るべし。是を持切とは手をよせもつて切る故なり。

一、手移之事
手移とは馬与風翔出したる時手綱を短く取て馬を折付るなり。其業乗人の得手にて左右の手へ手綱を移し取結めて馬を折事なり。手移とは左右へ手綱を移し折るが故に手移と云なり。此業は切るゝ馬にも立にも鐙にも込にも用、諸のくせに用と知べし畢竟常馬にて右の業を熟して軍馭にせんとの儀なり。此所に口傳あり條々可秘也。

一、高屏風之事
高屏風とは強翔出す馬に用ゆ。業は大抱にかゝへ左右へ折なり。是を高屏風と云高き屏風をきうに打かへす如く乗人大抱に反り返る故馬の翔出す気をうばいくぢきて直る也。故に高屏風と云なり。

一、小殺之事
小殺とは強く翔出たるとき高屏風にてきかさるとき用るなり。業は翔出す時片手綱を捨諸手を掛て引なり。是を小殺と云はかけ出し是非なき時死一つ止るが一つの手綱故に小殺と云なり。

一、大殺之事
大殺とは猶強く翔出す時馬をたをすに用るなり。業は手綱を下け馬のえり下にて取違へたる手綱を逆手にとり鞍強くしきてたをすべし。其右へ倒さんと思ふとき右へ鐙開けば馬にしかれす鞍放れも宜きものなり。是を大殺と云事右に同。

一、上翔之事
上翔は上髀の馬の翔に用なり。業は輪をかけ勢を付馳を乗くらを少し前へかゝり前の鞍をつくべし。追出すと角をあてべし。翔と云は翔有りて飛が如くなる故翔と云なり。

一、中翔之事

中翔は中髀に用るなり。業は輪をかけ右の如く勢を付け地道より馳を乗鞍は前へかゝり馬に場を知らすると中の鞍をつき追だす角を入べし止めは中抱に抱ゆべし。

一、下翔之事

下翔は下髀に用ゆ。業は地道に勢を付馳を乗輪をかけ鞍を前輪に掛り後の鞍より追出し角は少しゆはく中るべし、留は切とめなり。

一、策翔之事

策翔は翔たるきに用るなり。其業輪を強くかけ馬に勢を付馳をのり翔をいだし手綱を片手に取策を左右へ見せ角と一所に乱るゝ策にすべし。馬の表気を起させんために策入るなり。

一、犬走之事

犬走は翔口あつて出る馬にも可也、又底口強をかくして居る馬にもよし。業は手綱を拳にとり強く抱へて鐙にて中に手を仰のけか、へ本の位になをり角をあて又手を仰のけ大抱にして口を強く引べし。犬走とは犬の速り行が如く有故なり。

一、上引之事

上引は上口を引に可なり。業は鞍を前輪にかゝり鐙を踏出し鞍をはさみて手綱を手のくろふしにかけ胸のとほりに手を仰のけ強く引べし。是を上引と云也。

一、中引之事

中引は中の口強を引に用。業は鞍を中のくらに居て臥せ拳取中口にあてゝ引しさらざる時手を左右へしさりを引其時鐙もひらくべし。中口を引が故に中引と云なり。

一、下引之事

下引は下口強に用。其業鞍の前輪にかゝり手のかん骨をろくにして引なり、しさらざるとき左右へ鐙ともに手綱を左右へゆりかけしさらかすべし。是を下引と云なり。

一、上角引之事

上角は馬の口の上角を云なり。業は其強きを引に用るなり。手綱を手のくろふしにかけ下を推へたる方へすぐに折付るなり。推へたる手を肩を入くろぶしにかけたる手を其肩へ推つけ強引なり。折たる方の鐙を開くべし、肩を入てる方の手の下へ推つけるなり。是を上角引と云也。

一、下角引之事

下角は下角強きに用ゆ。業はくらを前輪にかゝり左強ければ右へ前にかゝり肩を入手を平首へ推下け手のがん骨のすぐなるがよし。是を下角引と云也。

一、汗相之事

汗相とは馬の汗をかきたる時用る業なり。一の汗は面懸のかけ廻しにかく汗を云なり。三の汗は鞍下にかく汗を云なり。四の汗は尻懸のかけまはしにかく汗を云也。五の汗は陰裳の付根にかく汗を云也。六の汗は惣身洗馬になるなり。是を一しほりと云。其上をのれば爪をわりて息をついて死する者なり。乗人能々心得て汗を見て乗べし。是をみな汗相と云なり口傳條々可秘也。

一、馬請取渡之事

馬請取渡とは上は手下た手の禮あり。此方渡さんと思ふ時下た手にて渡し請取もの上手にて請取馬を左よりしさらかけ右へ一つ又左へしさらかし禮をして渡し請取べし。此業禮詳に記せり、手の露を丸く三つとるべし。

附拝領之事

拝領の時は上は手の禮也。」手綱を甲掛にかけ諸手にて取り手綱の水付にて輪を三つ取上は手にて渡す處を此方も上は手にて取手綱を折かへし戴くなり。いたゝひて後馬を肩て上けて引なり。禮執記設綱進拝禮と云も此義なり、禮馭に詳に有。

一、神仏前乗之事

神仏前乗之事は神社にては社檀の方の鐙をはとむねの方へ上け右の方の手綱の露をとり禮をするなり。足を鐙の渡切の筋へをくは心濁を清むるなり、又右へ露をとるは心を清浄にする事なり。是を神仏前乗様と云なり。佛前にては寺の方の鐙をはつし力革のきはをさへて手綱のつゆを右にとるなり、皆禮馭にあり。

附御前乗之事

御前乗は鼻紙袋鼻紙を扇を抜き置なり。御前の方の鐙を後へ足を流し禮をするなり、其業禮馭にあり。

一、貴人鞍下之事

貴人鞍下とは貴人の後を乗と仰られし時右の手綱より鐙鞍くいただくなり是を貴人鞍下と云、禮馭に詳なり。

附我鞍下之事

我鞍下とは我乗たる鞍を貴人乗と仰せられし時手綱の禮あり。手綱を馬壇へはさみ置なり口傳あり。是を我鞍下と云禮馭に詳也。

右六拾三箇條者當流別而雖為秘事因丹精令相傳者也。

【生実藩武術年表】

寛政十一年正月、森川俊知、多賀谷季稠より『日置流雪荷派弓口傳書』などを伝授

天保九年八月九日、藩主・弓術家森川俊知没（六一）
安政六年八月十二日、森川出羽守、安富元章より『日置流道雪派仮名目録抜書』等伝授
文久二年十月二十四日、藩主・弓術家森川俊徳没（一九）
慶應二年十二月二十五日、森川内膳正、小此木直清より『常馭目録』を伝授
慶應二年十二月二十五日、氏家三之丞、小此木直清より『常馭目録』を伝授
明治十年十一月、藩主・馬術家森川俊方没（二八）

第五章　関宿藩の武術

関宿藩は、関宿（千葉県野田市）周辺を領有した譜代中小藩である。

天正十八（一五九〇）年徳川家康の関東入国に伴い、その家臣松平（久松）康元が葛飾郡内に二万石を与えられ関宿城主となった。翌年四万石、跡を継いだ忠良が元和二（一六一六）年大垣に移封し、翌年越後三条より松平（能見）重勝が二万六千石で入封、五年」重勝は遠江横須賀に移封、古河より小笠原政信が二万二千七百石余で入封、寛永十七年に政信を継いだ貞信が幼少を理由に美濃高須に移封されて、遠江久能より北条氏重が二万石で入封した。正保元（一六四四）年氏重は駿河田中へ移封し、武蔵石戸より牧野信成が一万七千石で入封、その子親成は京都所司代に昇進して二万七千石となり、京都二条城に赴任、明暦二年関宿周辺の領地を摂津・河内国に移されたので、関宿には板倉重宗が五万石で入封、そのあと重郷－重常と在封し、寛文九年重常が伊勢亀山に移封すると久世廣之が五万石で入封した。天和三（一六八三）年廣之の子重之は備中庭瀬に移封し、牧野成貞が五万三千石で入封、元禄元年七万三千石を領有するが、宝永二（一七〇五）年成貞の子成春が三河吉田に移封すると、同地より再び久世重之が入封した。ここに藩主家が定着した。久世氏は重之のあと、暉之－廣明－廣誉－廣運－廣周－廣文－廣業と八代にわたり在封した。（明和六年久世廣明が大阪城代に昇進し、領地を河内・美作国内に移したため、関宿藩領は幕領に編入されて関宿城は空城（四年間）となった。安永三年美作内の領地を関宿周辺に戻され、再び廣明が関宿城主となった。）

第一節　剣術

関宿藩へは、心流という剣術が伝わった。流祖は加賀の人で朝比奈武右衛門といい、一傳斎と称す。

○朝比奈一傳斎 ― 小野三十郎清定 ― 中田玄斎藤森 ― 中田與右衛門正昭 ― 中田恵林令徳 ┬ 中田数馬正鋒 ― 中田六郎正延 ― 平手孫次右衛門久周 ― 中田與右衛門正篤 ┬ 船橋傳太夫
　　└ 船橋互
　　　　　　　　　　　　　　　　　　　　　　　　　　　　　　　└ 荒川又八 ― 荒尾次郎光政

荒尾光政は、天保三（一八三二）年十月十二日生まれ、次郎のち肅と称し、柳傍軒と号す。荒木又八に剣術を近藤勘兵衛に槍術を学び、江戸に出て千葉、桃井の道場で腕を磨き、「鏡心流」という一派をおこした。明治三十六（一九〇三）年五月六日没す、七十二歳。

第二節　槍術

宝蔵院流の槍術が高田家に伝わったらしいが、詳しい事はわらからない。

第三節　柔術

浅山一傳流がつたわった。流祖は、浅山重晨で上州碓井の郷士、幼名三五郎、のち内蔵助。一傳斎一存と号した。貞享四（一六八七）年正月五日没す、七十八歳。

○浅山一傳斎重晨
- 海野尚久
- 伊東次春
- 平田久俊
- 小島仁右衛門光友――仲村九兵衛光利――中井重頼――小野里勝之――中田政経――浅山一傳斎重行――森戸三太夫朝恒――森戸偶太――森戸金春――森戸春邑――森戸金綱――森戸金堅
  - 林運五郎
  - 森戸金制
    - 梅田七郎治忠奇――
    - 森戸金振

梅田忠兼――梅田七郎治忠敬――平野平八

【伝書】『一傳流武者組目録』（関宿城博物館蔵本）

夫古人曰柔能制剛弱能制強云云。柔之根原本之雖然曲藝阿世之徒塞路是故柔之深理有志者拙于業理與業懸隔而無制於敵還而有害矣。剛者以柔制之強者以弱待之意味體認則雖有巨霊擘山馮婦搏虎之力不足懼焉。拡充之則方圓陳奇正之変進退伐撃之理亦有其中吾黨慎之。

一、當一段　口傳
一、當両段　口傳
一、當三段　口傳
一、小具足　口傳
一、大小　口傳
一、太刀向組　口傳
一、小太刀　口傳
一、鎧武者組　口傳
一、盛気目付　口傳
一、當時則妙　口傳
一、十手　口傳
一、野中之幕　口傳
歌に

身のかねの位を深く習べし　とめねととまることのふしぎさ
寒きよの霜を聞べき心こそ　敵にあふての勝はとるべき
強めきて引當りをば下手といふ　よりに柳を上手とはいへ
下手社や上手の上の鏡なれ　そしるべからずかへすぐも
世にはなく我より外の人なしと　おもふや池のかわづなるべし
毛を吹て言葉に勝をみする社　これやまことに後世の廣言
世中は贔負そしりの多ければ　下手も上手も人の云影
道をみちに深く熱心有ならば　大事残すな大切にせよ
大事をば更得にけりとおもふなよ　みかゝぬ玉は光すくなし
師もいかで問ぬ大事を教べき　こゝろを懸し念頭にとへ
目の前のまつ毛の秘事を知ずして　とやせんかくと案じうそすれ
めの前のまつ毛の秘事は知らずとも　たゝ一すじに速のみち
以上
右者従一傳斎代々雖為秘傳依御執心令相傳畢。聊疎略無心底励業積切御鍛錬可為専要者也仍如件。
浅山一傳斎重晨
小島仁左衛門尉光友
仲村九兵衛尉光利
中井茂右衛門尉重頼
小野里新兵衛尉勝之
中田七左衛門尉政経

浅山一傳重行
森戸三太夫朝恒
森戸三休偶太
森戸一傳金春
森戸三太夫春邑
森戸帰春金綱
森戸三太夫金堅
森戸三太夫金制
梅田七郎治忠奇
梅田右平治忠兼
梅田七郎治忠敬　印（花押）

天保十三壬寅年十一月朔日
平野平八殿

第六章　久留里藩の武術

久留里藩は、久留里（君津市内）周辺を領有した譜代の小藩である。

天正十八（一五九〇）年徳川家康の関東入国に伴い、その家臣である大須賀忠政が久留里三万石の城主となった。慶長六（一六〇一）年忠政が遠江横須賀に移封すると、翌年土屋忠直が二万石で入封、土屋氏は忠直のあと、利直―直樹と在府封、直樹の精神病により除封され、城も破壊され一時廃藩となる。寛保二（一七四二）年沼田から黒田直純が三万石で入封し再び立藩。このあと黒田氏は直純―直亨―直英―直温―直方―直侯―直静―直和―直養と九代、百三十年にわたり在封した。

久留里藩には、謙信流兵学、くわしくは越後要門流

日置流雪荷派弓術

大坪本流馬術

十方流剣術

荻野流砲術　などが伝わった。

第一節　兵学・軍法

兵学は、兵法、軍学、軍法ともいい、用兵・戦術に関する学問である。戦闘に出陣するに際して将たる者は軍中の士卒が守るべき規律として軍令を定め、軍令を犯す者を処断する法を軍法と称した。

流派は、大きく甲州流と越後流に分けられるが、その流派と始祖は、甲州流（小幡景

憲）、北条流（北条氏長）、山鹿流（山鹿義矩）、越後流（澤崎主水）、氏隆流（岡本宣就）、謙信三徳流（栗田寛政）、佐久間流（佐久間立斎）などである。謙信流、越後流、信玄流、山本勘助流、楠流、佐枝流、長沼流などと多くの流派が存在した。

久留里藩へは、越後要門流の軍法が伝わった。流祖は、越後流（謙信流）加治伝より学んだ澤崎主水實。寛永二（一六二五）年生まれ、三左衛門、のち内匠、主水と称し、享政剛弱と号した。

○上杉謙信
- 宇佐美定行
- 加治景英 ― 加治景治 ― 加治景明
  - 澤崎重孝
  - 澤崎景實 ― 高松正朝 ― 高松正春
    - 高松正栄 ― 高松正忠 ― 高松正英
      - 細川興晴
      - 三宅生實
      - 高山勝生 ― 高山正全
      - 塚本武左衛門武養 ―
      - 三上景徳
    - 川田資深
- 上杉儀春

新井三郎右衛門経忠
山本丈太夫義茂
荒木代右衛門武真
岡本十郎左衛門政信

第二節 弓術

弓術の流派は、大きく分けると礼法・騎射系統の小笠原流と武射系統の日置（吉田）流に分けられ、日置流はさらに細かく分派した。その流派と始祖は、小笠原流（小笠原貞宗）、日置流（日置正次）、吉田流（吉田重賢）、出雲派（吉田重高）、雪荷派（吉田重勝）、左近右衛門派（吉田業茂）、大蔵派（吉田茂氏）、印西派（吉田重氏）、竹林派（石堂如成）、大心派（田中秀次）、寿徳派（木村寿徳）、道雪派（伴一安）、山科派（片岡家次）、大和流（森川秀一）などである。

久留里藩へは、江戸幕士に伝わっていた日置流雪荷派の弓術が江戸末期に伝わった。

日置流雪荷派、単に雪荷派、雪荷流という。流祖は、吉田重勝で永正十一年生まれ、勘治郎、介次郎、のち六左衛門と称し、入道して方睡、豊睡と名乗り、雪荷と号した。、父吉田重政に日置（吉田）流を学び、天文十三年唯授一人を受け、小笠原秀清に故実礼式を学んで一流をたてた。天正十六年丹後田辺城主細川藤孝に仕え、十八（一五九〇）年十一月十一日没す、七十九歳。

○吉田六左衛門重勝（元定、雪荷）
- 吉田元尚
- 吉田重道
- 吉田重任
- 吉田元真
- 吉田業茂
- 伴一安
- 細川藤孝
- 森刑部少輔直儀 ― 森 往直
  - 森 直平（大多喜藩へ）
  - 河野通信 ― 立岩孝始 ― 室田政良 ― 室田政映
    - 竹林喜年 ― 朝比奈正茂 ― 村山治太夫義俊
      - 村山治太夫義俊 ― 梶川千右衛門儀厚 ― 星野釖吉常行

【伝書】『日置流弓之目録』（久留里城址資料館保管本）

一、足踏弓かまへの事

一、弓うちおこしの事

一、かほもちの事

一、矢所あてがひの事
一、息あひの事
一、胴に五つの事
一、勝手に五つの事
一、手先に五つの事
一、かけに重の事
一、細矢ふと矢の事
一、朝嵐あしき事
一、村雨の事
一、はしきかけの事
一、まとひかけの事
一、引け所の事
一、矢束の事
一、引かぬ矢束の事
一、遠矢ゆかけ合の事
一、遠矢射る身形足ふみの事
一、遠矢射る高さ不定風に寄る事
一、横風に射る心持の事
一、向風に射る心持の事
一、さし矢身形足ふみの事
一、物を射抜あてがひ足ふみの事

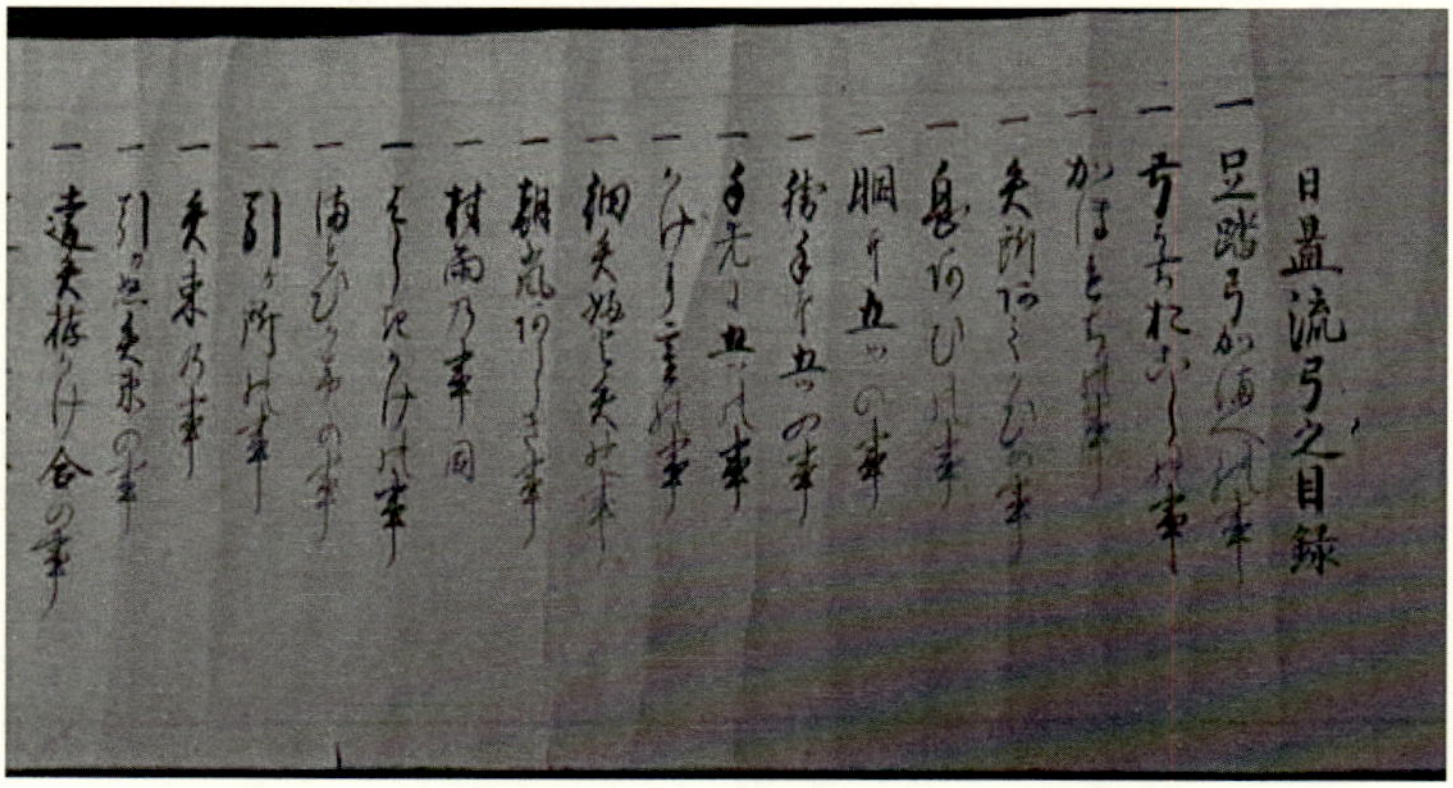

（君津市立久留里城趾資料館保管）

一、ためし物射る弓弦拵の事
一、矢之根との恰好の事
一、具足弓心持の事
一、引きはり皃と云事
一、弓にかねと云事
一、弓と矢とのかねの事
一、身と矢とのかねの事
一、身のかねといふ事
一、恰好と云事
一、はちかき弓とくの事
一、はとおき弓とくの事
一、弓を引射手の事
一、弦を引射手の事
一、大きり三分一の事
一、弓を射る射手弓を射懸射手の事
一、もろおこしは射形かいなに寄事
一、篦に付てと云事
一、手先を射つめてと云事
一、弓のうらにはきを射る事
一、目もはよはきを射る事
(免状後傳授の事)

一、矢束により弓のほろ口傳の事
一、弓力定めの事
一、かなしなき口傳の事
一、弦射とむる口傳の事
一、あたり物あてがい
一、前切し後切し心持の事
一、あがりさがりの事
一、握の巻所弓に寄事
一、ふとき弦とくの事
一、細き弦とくの事
一、きり矢束と云事
一、手の内に重の事
一、八寸の手の内の事
一、いろこがたの事
一、四寸の手の内の事
一、紅葉かさねの事
一、つのみの事
一、弦の道の事　口傳第一
一、矢束に別るゝと云事
一、矢半分と云事
一、弓半分と云事

一、強弱三所に有町積に寄事
一、身ののびと云事
一、手先ののびの事
一、はなれてのびの事
一、聲に次第の事
一、よるの弓あてがいの事
一、のき目こみと云事
一、弓取下る口傳の事
一、あひびき鎗あいの事
一、ふしても矢いたす事
一、はして物射る心持の事
一、人に寄矢束定る事
一、弦の別れの事
一、矢の別れの事第一
一、弓のは遠き五寸壹分の事
一、同四寸六分の事
一、そきはつの事
一、つよ矢つまと云事
一、いれたる矢ふる矢の事
一、かりまた射る心持の事
一、勝手に四寸と云事

一、四寸のはなれの事
一、弓に地獄極楽の事
一、雨矢の事
一、空の物射る心持の事
一、さまの矢心持の事
一、たつて行と云事
一、弦なりにはなしの事
一、恰好の矢恰好の弓の事
一、馬上の弓射様の事
一、雲はりの事
一、矢倉下射様の事
一、ぬり弓に火を入る事
一、ふしかげの矢置ための事

直之口傳条々

一、肩の高さを直す事
一、肩の折過たるを直事
一、ねち出す射手の事
一、いつく手先の事
一、勝手大きにきる事
一、ゆるまる射手勝手に有臍に有肩にあり
一、こぶしおちの事

一、つけ出すはなれの事
一、弓のたつふすの事
一、弓けつるかねの事
一、はやき弓の事
一、弓張はつしの事

森刑部往直
河野市左衛門通信
立岩随應孝始
室田金左衛門政良
室田内蔵助政映
竹林忠治郎喜年
朝比奈三郎兵衛正茂
村山治太夫義俊
梶川千右衛門儀厚

嘉永三庚戌年正月六日
星野釓吉　殿

第三節　馬術

馬術は、馬を乗りこなし、活用する術で、それは古墳時代に溯るといえよう。江戸時代になると平和の世の中となり馬術の実用価値が減退したものの、武士の最も尊重した武芸として重視され、特に上・中級士の必修技とされた。
流派と始祖は、大坪流（大坪慶秀）、大坪本流（斎藤定易）、佐々木流（佐々木義賢）、上田流（上田重秀）、荒木流（荒木元清）、八條流（八條房繁）、新當流（神尾織部）、新八條流（関口信重）などである。
久留里藩へは、大坪本流の馬術が伝わった。

【免状】『大坪本流』　（久留里城址資料館保管本）

大坪本流武馬之道在秘譜也。乗人任我意欲善於此道者可難得一生明所也。起居動静盡心而不離手綱於掌握不可在工夫於加鞍轡也畢竟要一乗而巳于然歳月無倦怠深志我術終因被得常術達者而赤革之鞭紅総之腕貫傳之者也。

迎来院本道
鹿嶋流大統
大坪本流
松崎登一郎 ㊞（花押）

明治二年丑巳二月
星野磯摩　殿

【伝書】『大坪本流常駁傳授』　（久留里城址資料館保管本）

一、牛鼻馬口之事
一、左弓右馬之事
一、左綱右鞭之事

一、馭實形本之事
一、常式軍至之事
一、聲用品法之事
一、口操鞍強之事
一、駒四調二乗之事
一、悍品之事
一、生徳奔走之事
一、競足印本之事
一、一圓三角之事
一、生死息相之事
一、人心馬心之事
一、人気馬気之事
一、気躰一致之事
一、掌之事
一、鞍三曲尺之事
一、鐙中曲尺之事
一、轡鑣中曲尺之事
一、策己長曲尺之事附野狐加持之事
右廿一箇條者當流常馭之秘事義家之秘譜也、以傳之者也。
迎来院本道
鹿嶋流大統

大坪本流

明治二年丑巳二月

松崎登一郎 ㊞（花押）

星野磯摩 殿

第四節 剣 術

剣術の流派には、天真正傳神道流（飯篠長威斎）、一羽流（諸岡一羽）、新陰流（上泉伊勢守）、卜傳流（塚原卜傳）、天流（斎藤傳鬼）、新陰流（柳生但馬守）、柳生流（柳生十兵衛）、一刀流（伊藤一刀斎）、小野派（小野忠常）、念流（上坂安久）、東軍流（川崎鑰之亮）、二天流（宮本武蔵）、吉岡流（吉岡憲法）、直心影流（山田光徳）、三和流（伊藤清長）、無形流（別所忠久）、北辰一刀流（千葉周作）などと非常に多くある。

久留里藩へは、十方流の剣術が伝わった。宝暦五年今井太郎左衛門が剣術師範となったという。また山田園治から星野数馬に伝授されたものが残っている。この流派というのは、他藩には見られない珍しい流派で、創始、伝系などわからない。

【伝書】『十方流剣術目録』（久留里城址資料館保管本）

序

夫劔刃上之事也者没巴鼻没商量而不渉于擬議不存矩則莫焉截断於生死根元直蘇息於本命元神底之妙術也。故曰截断佛祖常磨吹毛劔研究之士先須体得于目前無物此間無我而后空却于優劣短長諸見而単刀直入来則於此妙術而些子有通消息之分在矣。儻徒至千逞人我勝負之見論自他短長之諍則可惜哉。劔去久矣、冀学於此術之士於此看眼則氷稜上行劔刃上走焉。

十方流劔術目録

上段

中段

下段

左車

右車

電光

釉刀

右七箇

二十七箇条之秘事

一、身持

一、はこび

一、付け

一、たゝみ

一、打込

一、刃筋

一、すり込

一、やふり

一、未発

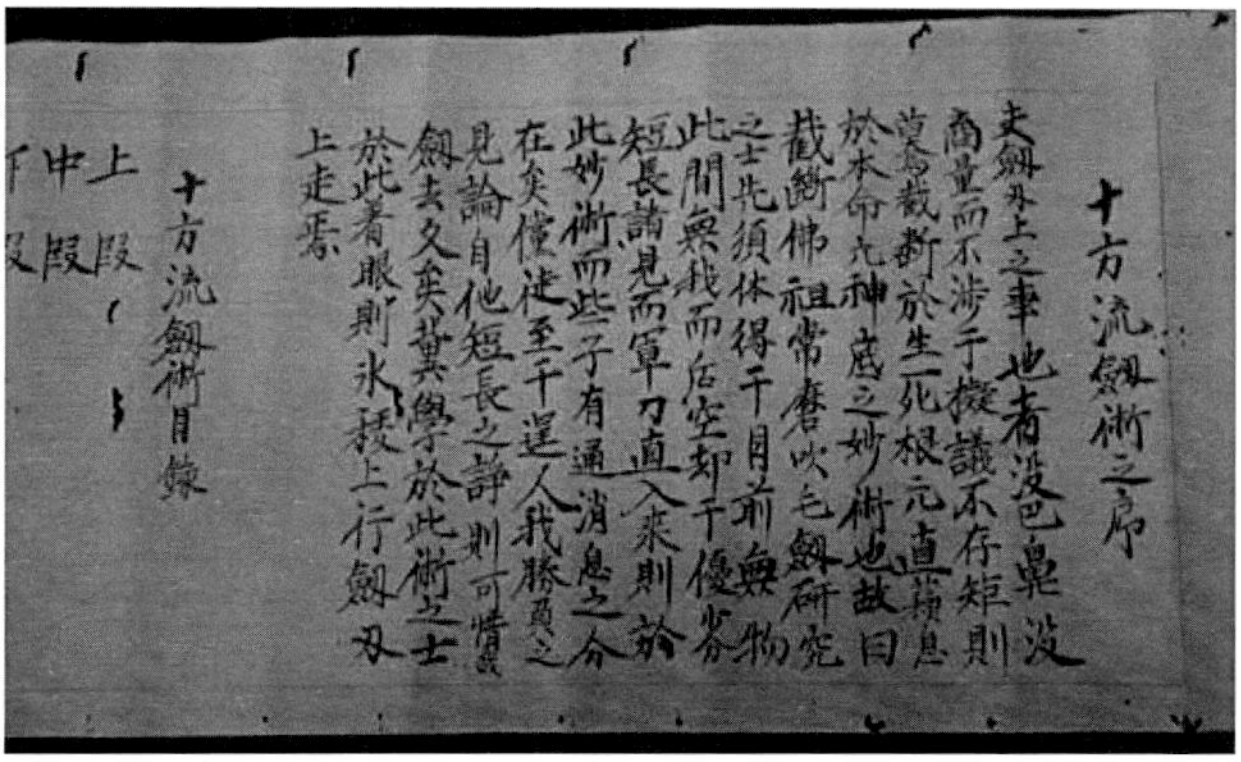
十方流劔術之序
夫劔法上之事也者没色臭没
商量而不渉于擬議不存矩則
莫爲截斷於生死根元直指息
於本命元神感之妙術也故曰
截斷佛祖常磨吹毛劔研究
之士先須体得于目前無物
此間無我而居空劫于優劣
短長諸見而單刀直入来則於
此妙術而些子有通消息之分
在矣儻徒至千遈人我勝負之
見論自他短長之諍則可惜哉
劔去久矣冀學於此術之士
於此着眼則氷稜上行劔刃
上走焉
十方流劔術目録
上段
中段
下段

（君津市立久留里城趾資料館保管）

一、巳発
一、返る打
一、二刀崩
一、相所三段
一、當り
一、取相
一、込入
一、さそひ
一、抜身
一、ながし
一、點滴之切
一、懸待
一、手之内
一、七刀流一刀
一、長短一致
一、目付
一、當々身
一、四方詰
右條々誠以雖為秘術依御執心此一巻令相傳畢。最吟味以鍛錬可有奇恃者也。
安永三年午四月廿八日　　山田圓治幹（花押）
星野数馬　殿

【伝書】『十方流剣術歌之書』　（久留里城址資料館保管本）

身持

唯有にのびずかゝまぬ姿こそ　かけつかへすも自在成けり

はこひ

毎の日に歩みならひし足とりの　左右前後に自由成けり

つけ

はなれても逢ても付のはなれねば　何とふるとも敵いかにせん

たゝみ

裏おもて敵の刀の虚を見分　盈々つけつゝ位崩すな

打込

敵いかにふると打とも一筋に　むすみにあふし　中墨を打て

刃筋

筋骨の水に力はなけれとも　うかむがごとく萬石之舟

すり込

逢ふと否や虚實表裏にかゝわらず　下やうえやとすり込て勝て

やふり

敵の太刀虚實二つを見分つゝ　うちやおもてにやふりてぞあれ

未発

打ば打うたねば打とふみ切て　届くほどにて打て取べし

已発

退す進みもやらぬこゝろにて　発るかしとを打て取べし
過去るをとり
身を通し敵には近き身のかねの　てきのかたなの過たるを打て
二刀崩
擲打というと表裏とうけと有　心をしづめゆだんはしすな
相處三段
相處かねて定のあらざれば　その時〳〵に働かてあり
當り
如何ともしがたき時の直地には　うらやおもてに當りあるなり
取相
せりあふて柄とつかとを取あふて　敵のちからで勝わざぞあり
込入
すり込もたゝみもならぬ其時に　柄に勝味の大事あるなり
さそひ
敵の太刀すれすたゝめぬ其時に　のそひおとして速にかて
ぬけ身
すり込てきびしく来る敵有と　太刀にかまわぬ抜身有なり
ながし
其侭にりきみなまりのあふざれば　流にまかす青柳かな
黙滴の切
拂ふみもうつとも滴を引受て　つかやこぶしを打て取べし

懸待

遲のせん後せんのせんを取得なば　待もかゝるも同じあじはひ

手のうち

つよからずよはからざりし其中に　微に不思儀の味うあり

七刀流一刀

縦にこそ七つのしなのかまへあり　修練工夫をつねば一刀

長短一致

百万の敵を欺く大刀かたな　長さみじかき寸尺もなし

目付

目しねばみざる所もなかりけり　うつるかゝみにかけはとまらず

當々身

敵と我位相気に満るとき　責て云なり身に當るとは

四方詰

四方より切をのがるゝ働は　自性自得の真の妙術

村上常三郎金綱（花押）

嘉永七申寅年正月五日

星野鍋三郎　殿

第五節　槍術

槍術は槍を使う武術で、大きく分けると直槍と十文字槍になる。その流派には、宝蔵

院流（覚禅房栄胤）、中村派（中村尚政）、無邊派（大内無邊）、健孝流（伊東紀伊守）、富田流（富田半生）、佐分利流（佐分利重隆）、本間流（本間昌能）、神道流（石野氏利）、樫原流（樫原俊重第三節）、本心鏡智流（梅田治忠）、大島流（大島吉綱）、種田流（種田正幸）、一旨流（松本利直）などがある。

久留里藩へは、種田流の槍術が伝わった。

唐津藩士種田平馬正幸が流祖。大嶋流の大嶋雲平高賢及び月瀬伊左衛門清信に学び、中江新八二義の中江流、そのほか諸流の粋をとって一流を起こした。初め江戸に住したが、その子幸勝が備前藩に仕え、流名はこの幸勝より称したともいう。のち平田派、山岡派の二派に分かれた。久留里藩へは、山岡派の山岡正臣に学んだ荒木武徳によって伝わった。

○大嶋伴六吉綱
- 大嶋常久
- 大嶋吉次
- 月瀬清信
  - 月瀬清勝
  - ・種田平馬正幸 ― 種田幸勝 ― 種田幸勝 ― 種田幸忠
    - 種田幸隆
    - 平田定右衛門彌古（平田派）
    - 山岡丈左衛門正臣（山岡派）

─山岡正輔
─荒木隼太武徳──荒木彌惣武豪──荒木一郎武標─
─星野銄三郎常勝

荒木武徳は、元文五年四月十五日江戸に生まれ、隼太、のち代右衛門と称す。軍学剣術柔術を父武真、高林宗丈などに学び、種田流槍術を岡田正臣に学び。奥儀を究め、槍術師範となって、父と共に久留里移り藩士達に槍法を教えた。天明六年十二月家督相続、給人大目付、のち廣間詰十二口となり、文化四（一八〇七）年七月二十九日没す、六十八歳。圓覚寺に埋葬、浄林院賢忍武徳居士。

【傳書】『本目録』　（久留里城址資料館保管本）

夫惟文與武左右也。故王者治文両備武此謂経也。一戒衣而以殺伐張保天下民者義兵也。此謂権也。且兵者雖凶器不得巳而用之則仁也義也宣也。宣則用権権者変也。変則争有争師起是所以用兵器也。故自上古無於弓馬之術然本邦逮中古而鎗太以有利當時之大小上下之分以鎗定之故治乱共用之就中戦闘之功働無如一番鎗圣于二番尚賞之宜哉、崇鎗術雖治世也。出門闕則無不用之然則為士者此一術得矢須火不可有不知也。先師正幸自弱冠之比嗜此術聞名藝者乃不遠千里而行学之雖窺家家流々之極至各未免有迂濶之法也。爰有大嶋雲平字吉綱以鎗鳴世高弟師於月瀬氏清信習熟而愈知昨非厥后又見阿波賀氏景政小笠原真春肄習之此外於鍵十文字長刀等之術随俊傑之士雖傳請家之秘術不如素鎗之益大也。先師幸勝此術遊二十年而傳授蘊奥精微而滋滋切磋暫無怠慢日夕親炙之遂得必勝之旨趣聊加微意授門人先師幸忠相続而又遊此術累年悉傳授之予祖武徳正臣先生門数年秘訣蘊奥悉傳授之而後授此業於予父武豪予亦相続傳之令観足下篤志学之数年感其誠心深々悉傳授於秘術他日有篤志者則守家傳之教法而可教誨之曽勿忽謂尒而巳。

大嶋雲平吉綱
月瀬伊左衛門尉清信
種田平馬正幸
種田市左衛門尉幸勝
種田市左衛門尉幸忠
山岡丈左衛門尉正臣
荒木代右衛門尉武徳
荒木隼太武豪
荒木一郎武標　印（花押）

嘉永七甲寅年九月

星野鍋三郎　殿

（久留里城址資料館保管本）

【伝書】『組合目録』

表鎗合

一、波刀　表裡
一、磯波　同
一、千鳥　同
一、七重　同

一、波反　同
一、風月　同
表雌合組
一、梯　三本
一、前幻　同
一、後幻　同
一、稲妻　同
小十文字突身
一、袖搦　表裡
一、胡蝶　同
一、藤袴　同
一、小車　一本
長十文字突身
一、流見　一本
一、絲筋　表裡
一、虎流　同
一、引合　同
鍵合突身
一、礁　表裡
一、岩波　同
一、山颪　同

一、蜘手　同
一、瀧流　同
一、浪間　一本
長刀合突身
一、三ヶ月　表裡
一、残月　同
一、朝嵐　同
一、連　一本
以上
右之條々他見他言有之間敷者也
口傳目録
一、間積之事
一、目附之事
一、長短之事
一、一番鎗之事
一、夜軍鎗之事
一、馬上鎗持様之事
一、船中鎗之事
一、上坂下坂之事
一、人込之事
一、残心之事
至極目録

一、必勝　一本
鎗合極意
一、石火　一本
一、運開　一本
一、死生　一本
右鎗口訣至奥不残令附與之畢。尤他言他見堅有間敷者也。
大嶋雲平吉綱
月瀬伊左衛門尉清信
種田平馬正幸
種田市左衛門尉幸勝
種田市左衛門尉幸忠
山岡丈左衛門尉正臣
荒木代右衛門尉武徳
荒木隼太武豪
荒木一郎武標　印（花押）
嘉永七甲寅年九月
星野錨三郎　殿

【伝書】『種田流鎗術雌雄目録』　（久留里城址資料館保管本）
或問曰、鎗術を学び勝負を挑に全勝を可取事は理より可入や事より勤んや其要を聞ん。
答曰、近代鎗術を以て世に鳴る者雖多或は心理の高明を説て當然の業を忘れ或は剛強を是として一向理を捨又事理一體と云もあれ共事理は自差別あることを不知是皆事理不兼備故に槍術の至極たることを不辨故也。其至極を不知して何ぞ勝を明に可知や。

又問然らば事理一同に執行するを善とせんや。

答曰、鎗術而已に不限武藝は悉く業成は先事を能鍛錬して自然として理に至るを善とす、雖然人人気質不斎は業より入て至極を知も有り、又理よりうかがつて奥儀に至るもあり應其機而教を可施一偏に不可論乃師範の者尤可心得事也。業を修練したり共能理に徹せざれば心安定ならず、心安定ならざれば難得勝所謂一心萬法の主と云こと可成實亦理漸く雖至業全備らざれば理藝に成て無益縦令は二間柄の鍵鎗を以て理を口才に云時は素鎗よりの勝一切絶たり子細は鍵にて掛け横手にて張り強く面を打ち又入身をなし相突をもすると云時は左来右去負る理更になしと聞ゆざれ共仕相に臨て見れば素鎗の益大に増れり然れば業は理に不合理は業に不應ことも有と云ことを可知當流に必勝と云ことを示すにも目録の奥儀に出して必の勝を示すにも勝んと思ふ意を先んずるを大戒也。此旨を能有會得へく事也。

亦問勝んと思ふを禁ずると云こと如何も其理會しがたし請其意を聞ん。

対曰、鎗を揮て敵に向ふ者勝を望意有は其意則心動め不實然則何ぞ全勝を得んや。右を押んと欲すれば左動く左を拂んと思ば右虚なり、所謂虚動する時は無勝苟も一物心に設る虚動也。予が流に教る處は吾人鎗を擶て勝負を決し縦令死す共勝なきに非ず、但かくいえはとて彼の釋氏之不生不滅氏の空言の心に非ず是は相突之内の必勝にメしかも武士の不動心に安住する人は勝安住せざる人は負る、故に予教をなすや、たとえ数十年の修練をなす共其心根必勝ぬ不住則は秘奥を無許事たとひ一日の修行たり共必勝之武意に安住の人は傳之者也。旦常々住する人と云共仕官に無暇空く月日を送り又生得病患の族尤於師宜勘辨之而傳之も可なり、去は事理心住兼備の人には相突の内の必勝を四分六分を以て教え武意一日の修行には死して不負と云勝を教ゆ尚口決意味深し略之。

問曰、入身の足速く烈しく業なす者に速に勝を得る事如何。

対曰、入身薙刀鍵十文字一丈の内外之物にて足速成可突事難にあらず。先入身等の勝負は大抵五六間の場にて我も人も雙劍を不帯裳をかヽけ走り趨りしかも五六間の中にて先を留れば早跡えひくに無場故に大形入勝の者なり、左右広場にて何の全勝有んや。たとひ場は廣狭ある共入身には入られても後身際まで十分に入らせて有勝負是れ秘奥也。入身にいられ間敷との争ひ陽に陽を対するにより我先動く動ときは前に論ずるごとく勝を得かたし渠は陽にメこいを発し走り趨る也。陰に位して彼が発動の機を呑んで相まつて然も手本まで入らせて可勝猶口決意味深長なり、右の外入身の損を可暁場により変あり。足入所苅田雨雪のとき堀切闇夜場を不知船中山川高低の地にてはその心勇猛にメ進も走り趨り不可成如是有天を可知。

問曰、近代長十文字二間一尺之鍵挙世是を賞す、その事を見るにあるひは相突の鍵は面をうち或はかけまた十文字は搦み張りすつること甚烈しく是に全勝を可取こと如何。

対曰、前に入身の論に答るごとく彼うちからみ相突をするを禦んと思ゆえに其間虚に成てその難を防ぐに成て相手に誘れ虚動するなり。鍵十文字より欲す處の利を與て後全勝をなすべし。若鍵十文字より此の理を知りて與る處の利に乗らずんば即是長横手無詮素鎗の意味と同前に成て横手却て害と成る事必せり。案ずるに勝負をなすには心を一にメ死に赴くさえややもすれば二気になつて動く然るを況や長きを特に横手に便りて相突打張り掛けからみなんと思ふ豈虚動せざるべけん畢竟長横手者初心の素人勝しるし早く見ゆる故に世人これに迷ふ者乎。

問之條件に應メあらましの思案述畢。愚昧の答なしは又問を起したまえ予却て問如何してか太刀之入身を論じ残せる全勝へき者に思ひ給ふか然は大なる誤なり。夫太刀の入身は予秘奥の難の一也。子細は太刀を以て鎗の鋭に業をなすものに向は勇猛の心なり、かれは鎗を大敵とすれば死地落来金鐵之心也、しかるに鎗を持者はこゝろ散地に在て有失ことに太刀を以てはたとひ三尺之長身鎗にても鉾の尖僅に悖入れば太刀の勝と成る故に必ゆるがせにする事なかれ、猶再問を俟て禿筆止而巳。

第六節　砲　術

銃砲、火薬を用いる武術で、天文十二年八月大隅国種子島に来航したポルトガル人によって鉄砲と火薬が紹介され、その操法が伝えられたのに始まる。

流派と始祖には、田付流（田付景澄）、井上流（井上正継）、津田流（津田算長）、田布施流（田布施忠宗）、稲富流（稲富一夢）、霞流（丸田盛次）、関流（関文信）、長谷川流（長谷川一家）、荻野流（荻野安重）、武衛流（武衛義樹）、中島流（中島長守）、自得流（大野久義）などがある。

久留里藩へは、荻野流の砲術が幕末に伝わった。

荻野流は、荻野安重の先祖某が、天文年中に種子嶋にやってきた英国人フランシュク・サベリュウースから十匁筒の射ち方を伝えられ、これを種子嶋流と称して子孫に家伝としたのが起源である。四大の孫の安重が家伝の大砲に応用して早打乱玉という技を創案して、浜松の本多豊後守に中小姓三百石で仕え、正保元年浪人し、弟の正辰と相談して正木流その他の砲術十二流を究め、大成して「荻野流砲術揚げ矢」と称して一流を開いた。寛文七年備前藩主池田光政に仕え二百石、再び浪人し、明石侯松平若狭守に三百石で仕え、元禄三（一六九〇）年六月七日没す、七十八歳。

○荻野六兵衛安重
- 荻野照清
  - 荻野正明
  - 坂本俊豈
    - 坂本俊公
    - 岡村忠彝
      - 岡村又兵衛忠雅
        - 星野釓吉
- 荻野清辰
- 荻野弘純

【起請文】『荻野流鉄砲起請文』（久留里城址資料館保管本）

一、鉄砲一巻之事
一、種ヶ嶋一流之事
一、棒火矢一流之事
一、抱手前直方相弟子之外仕間敷候事
一、御書物致廉相不知我様人に為見並為盗申間敷事
一、従小町打挙可申事
一、御相傳之品々他流え差加一流と毛頭仕間敷候並秘具秘傳者勿論御差図於無之者雖為相弟子為致見聞間敷候事
一、町打之節小屋之内人え為見申間敷事

一、他流稽古仕候者其節御断申上如何共御差図次第可仕事
右之條々御免許無之内雖為親子兄弟他見他言堅致間敷候若於相背者、梵天帝釈四大天王
惣而日本国中六拾餘州大小之神祇殊伊豆箱根両所権現三嶋大明神八幡大菩薩天満大自在
天神部類眷屬神罰冥罰各可罷蒙者也。仍起請文如件。
文化九年申四月六日　　岡村忠彝

【伝書】『荻野流砲術抱目録』　（久留里城址資料館保管本）

一、従種ヶ嶋鉄砲傳来之事
一、膝臺身を極る事
一、偏身之事
一、生身之事
一、手之内之事
一、息相之事
一、一目に引事
一、澄之事
一、立放之事
一、作法色々有事
一、人形寸法之事付角に直す寸法之事
一、間割仕込角寸法之事付仕込目付之事
一、早打之事
一、備を立打掛る事

一、矢懸り取事
一、揚矢先之事
一、下矢先之事
一、間数目付之事
一、露塵矢倉之事
一、鐺前打様之事付不知之事
一、火縄之事
一、火縄挟様之事
一、火縄隠之事
一、引味之事
一、早合之事
一、相玉之事
一、劣り玉之事
一、玉拵之事
一、口薬之事付込様之事
一、薬入物共之事
一、胴乱玉薬込様之事付取納之事
一、玉色々有る事
一、弐つ玉と云事
一、世間にて措て打と云事
一、狭間明様之事

一、城内狭間より打様之事付地取狭間飾り様之事
一、打而勝場之事
一、不打して勝場之事
一、横に行物打様之事付目当見様目付之事
一、馬上打様之事
一、腕貫之事
一、納之緒之事
一、舟打様之事
一、従木陰打出時之道具之事
一、引相心を強く引は後之事
一、指にて引は前之事
一、暑寒雨中越下り之事
一、筒張様之事付地金之事
一、臺木之事
一、金物之事
一、カルカ之事
一、大小之筒名所之事
右者荻野流筒條目録雖為秘事足下依不残執心令傳授畢。往々他見他言有之間鋪者也。
荻野六兵衛安重
荻野六兵衛照清
坂本運四郎英臣

坂本孫六俊豈
岡村又兵衛忠彜
岡村又兵衛忠雅 ㊞（花押）

弘化四丁未年十月
星野釓吉 殿

【久留里藩武術年表】

宝永五年十一月、兵学家森光治没（）
宝暦三年三月二十四日、兵学家山本義茂没（八七）
明和七年七月、武術家水沼泰貫没（七七）
安永三年四月二十八日、星野数馬、山岡幹福より『十方流剣術目録』を伝授
安永七年十月十日、武術家森光敏没（七三）
安永九年十二月六日、剣術家星野数馬没（五五）
天明六年十一月六日、武術家新井経忠没（七四）
寛政八年七月二十五日、剣術家今井兼壽没（六六）
文化四年七月二十九日、槍術家荒木武徳没（六八）
文化四年九月、荒木武豪、槍術師範
文化七年八月、砲術家大森親厚没（三一）
文化十三年十二月、今井庫吉、吉村時従より直心影流免許
文政二年六月十日、馬術家森光厚没（七六）

文政十二年九月二十二日、馬術家芝山正武没（二一）
天保八年九月、今井兼福、杉木道寧より直心影流免許
天保十二年十一月二十九日、剣術家杉木道寧没（）
天保十三年十月二十一日、槍術家五十嵐良正没（）
天保十四年十二月今井兼治郎、生田勝彬より直心影流免許
嘉永三年正月五日、星野鍋三郎、村上金綱より『十方流剣術目録』を伝授
嘉永三年正月六日、星野釓吉、梶川儀厚より『日置流弓之目録』を伝授
嘉永三年正月七日、星野鍋三郎、荒木武標より『種田流鎗術雌雄目録』を伝授
嘉永五年十二月、根付正道馬術免許皆伝
嘉永七年正月五日、星野鍋三郎、村上金綱より『十方流剣術歌之書』を伝授
嘉永七年七月二十七日、弓術・砲術家星野常行没（三一）
嘉永七年九月、星野鍋三郎、『本目録』『組合目録』を荒木武標より伝授
弘化元年九月三日、兵学家柳井義篤没（八一）
弘化三年五月四日、槍術家荒木武豪没（七〇）
弘化三年五月、荒木武標、槍術師範
弘化四年十月、星野釓吉、岡村忠雅より『荻野流砲術抱目録』を伝授
安政二年六月十一日、武術家森光福没（五一）
安政三年六月三十日、武術家吉村時従没（）
安政四年九月一日、馬術家根村正利没（七七）
文久三年正月五日、剣術家芝山正善没（七八）
元治元年三月十八日、槍術家神山義衛没（六四）

明治元年十月、山田慈忠、槍術師範
明治二年二月、星野磯摩、松崎宗孝より『大坪本流常馭之巻』を伝授
明治六年二月十六日、武術家山田慈忠没（三三）
明治九年二月十一日、武術家森正友没（五三）
明治九年九月二十三日、馬術家根村正道没（六二）
明治十一年三月七日、馬術家廣澤俊通没（七二）？
明治十一年三月七日、馬術家松崎宗孝没（七二）
明治十四年五月十五日、棒術家斎藤岩助没（六四）
明治十七年九月八日、弓術家梶川儀厚没（七八）
明治十八年五月二十六日、武術家廣澤俊徳没（五九）
明治二十三年正月五日、槍術家荒木武標没（八二）
明治二十六年十一月六日、剣術家木村政順没（七三）
明治三十三年十一月二十四日、砲術家若林信愛没（八〇）
明治三十六年六月十九日、剣術家村田光友没（六五）
大正八年八月十八日、馬術・剣術家星野常勝没（八九）

第七章　大多喜藩の武術

大多喜藩は、天正十八（一五九〇）年八月徳川家康が関東へ移ったときに徳川四天王の一人本多忠勝に上総国十万石を与え、大多喜城に配したことにより成立した（夷隅郡大多喜周辺を領有した）譜代の中小藩である。

本多忠勝は、関ヶ原の戦いの後、慶長六（一六〇一）年正月に伊勢の桑名へ転封したが、忠勝の次男忠朝が旧領五万石を与えられ大多喜に残った。忠朝は元和元年の大阪夏の陣で戦死、甥の政朝が遺領を継いで、元和三年九月播磨国竜野へ転封となった。本多氏のあとには武蔵鳩ヶ谷から阿部正次が三万石で入封、五（一六一九）年九月小田原へ転封し廃藩になる。

元和九（一六二三）年十月青山忠俊が二万石で武蔵岩槻から入封したが、のち忠俊は下総國網戸に蟄居を命ぜられ再び廃藩となった。

寛永十五（一六三八）年四月阿部正能が祖父正次から一万石を分地されて入封、慶安四（一六五一）年八月叔父重次から新田六千石を分与されて一万六千石となったが、翌承応元年父の従兄弟阿部忠秋の養子となり、従兄弟の定高（岩槻城主）に六千石を返還、寛文十一年五月養父忠秋を継ぎ武蔵忍へ移った。そのあとへ、重次の次男阿部正春が同年十二月に一万六千石で岩槻から入封、翌十二年閏六月に廃城となっていた大多喜城の再興。正春が元禄十五（一七〇二）年九月三河刈谷へ転封すると若年寄稲垣重富が二万五千石で入れ替わって刈谷から入封するが、城地が狭いという理由で、在藩二十一日間で下野烏山へ転封した。翌年二月相模国甘縄から松平（大河内）正久が二万石で入封し、正貞―正温―

正升—正路—正敬—正義—正質と九代続き、明治時代となった。
大多喜藩には、兵学・軍法—甲州流
弓術—日置流雪荷派
馬術—大坪流
剣術—新影流
槍術—種田流
などが伝わったといわれるが、現存する資料が弓術を除いて究めて少ない。

第一節 兵学・軍法

兵学は、兵法、軍法ともいい、用兵・戦術に関する学問である。大きく甲州流と越後流に分けられるが、その流派と始祖は、甲州流（小幡景憲）、北条流（北条氏長）、山鹿流（山鹿高祐）、越後流（澤崎主水）、氏隆流（岡本宣就）、謙信三徳流（栗田寛政）、佐久間流（佐久間立斎）など多くの流派が存在した。

大多喜藩へは、山本勘介流、即ち甲州流より分派した山鹿流が伝わった。

山鹿流祖は、山鹿高祐で、甚右衛門と称し、義呂、義以ともある。初名は貞直、字は子敬、号は素行軒、堂号を曳尾といった。小幡景憲に甲州流兵学を学び、寛永十九年に印可、承応三年浅野長友に仕え千石、万治三年致仕し、江戸にて門戸をはって門弟に教えた。故あって寛文六年赤穂に流刑になり、延宝三年赦されて江戸にかえり、貞享二（一六八五）年九月二十六日没す、六十四歳。

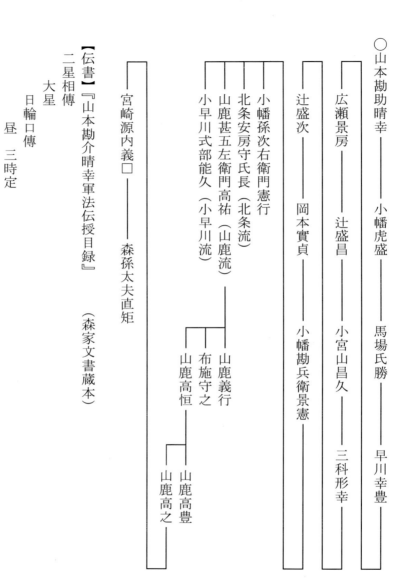

○山本勘助晴幸―小幡虎盛―馬場氏勝―早川幸豊

広瀬景房―辻盛昌―小宮山昌久―三科形幸

辻盛次―岡本實貞―小幡勘兵衛景憲

小幡孫次右衛門憲行

北条安房守氏長（北条流）

山鹿甚五左衛門高祐（山鹿流）―山鹿義行

布施守之

山鹿高恒―山鹿高豊

山鹿高之

小早川式部能久（小早川流）

宮崎源内義□―森孫太夫直矩

【伝書】『山本勘介晴幸軍法伝授目録』（森家文書蔵本）

二星相傳

大星

日輪口傳

昼　三時定

巳午未

夜　三時定

亥子丑

日四季　山本晴幸傳

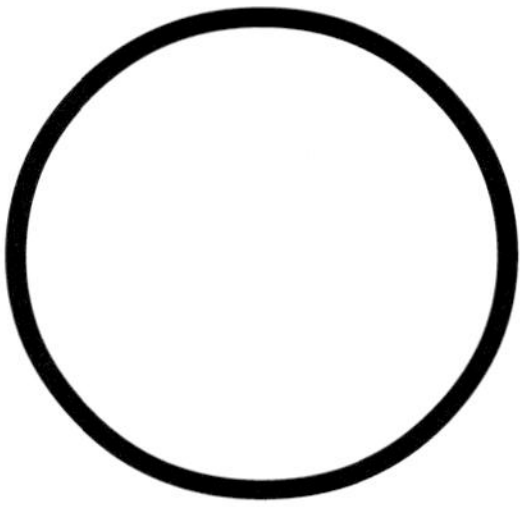

（文字は省略）

隨影習

北辰北斗傳

破軍尾返　巳未

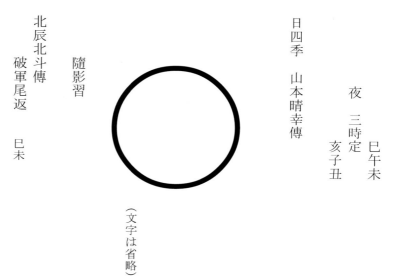

真破軍傳股日破軍破
　本地虚空蔵傳

真大星又日理大星
　避銃撃隋
　致敵不致敵
　到無形無声

右所傳之目録者山本勘介入道道鬼已来小幡景憲北条氏長山鹿高祐高恒高之相続而今到予傳来之也。予門人森孫之太夫直矩年久深志依懇望傳之訖□以不怠務之不可不察之尓云。

元文五庚申年五月吉日　　　宮崎源内義□　印（花押）

森孫之太夫　殿

第二節　弓　術

弓術は、大きく分けると礼法・騎射系統の小笠原流と武射系統の日置（吉田）流に分けられ、日置流はさらに細かく分派した。その流派と始祖は、小笠原流（小笠原貞宗）、日置流（日置正次）、吉田流（吉田重賢）、出雲派（吉田重高）、雪荷派（吉田重勝）、左近右衛門派（吉田業茂）、大蔵派（吉田茂氏）、印西派（吉田重氏）、竹林派（石堂如成）、大心派（田中秀次）、寿徳派（木村寿徳）、道雪派（伴一安）、山科派（片岡家次）、大和流（森川秀一）などである。

大多喜藩へは、日置流雪荷派祖吉田重勝の高弟であった森刑部直儀によって伝わった。

日置流雪荷派は、日置流（吉田流）吉田重政に弓術を学んだ吉田重勝を流祖とし、彼の号（雪荷）をとって流派名となり広く行われた。吉田重勝は、元定ともいい、幼名を勘次郎、介次郎、のち六左衛門と称し、天性穎悟にして夙に射を祖父重賢及び父重政に学び、若くして蘊奥を極め入道して方睡、豊睡と名乗り、雪荷と号し、天正十八（一五九〇）年十一月十一日七十九歳で没した。雪荷安西大居士。

○吉田六左衛門重勝（雪荷）
- 吉田元直（元尚）
  - 吉田元重（藤堂藩へ）
- 細川幽斎藤孝
- 吉田元真
- 伴喜左衛門一安（道雪派）
- 森刑部少輔直綱
- 森刑部直儀
  - 森刑部往直
  - 森吉左衛門
  - 森小左衛門直定
  - 松尾随的
  - 小川重興（水戸藩へ）
  - 西尾郷右衛門
- 森孫太夫直賢
  - 八木近金

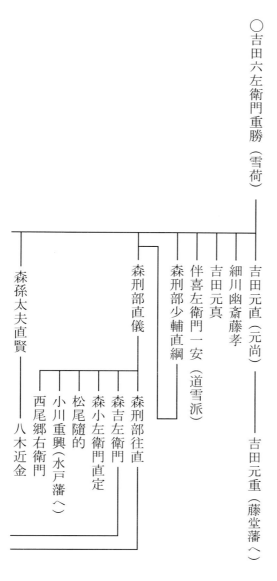

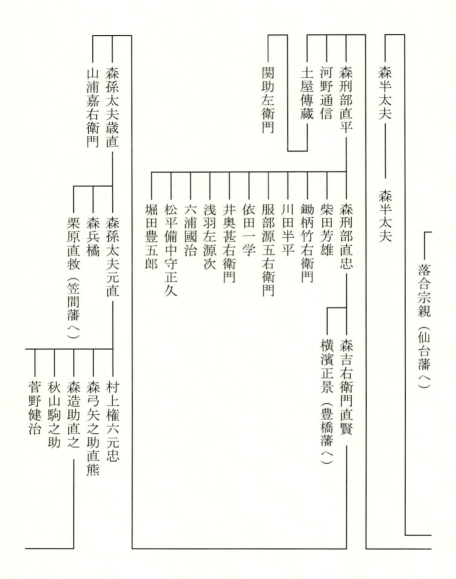

落合宗親（仙台藩へ）

森半太夫

森半太夫

森刑部直平

河野通信

土屋傳蔵

関助左衛門

森刑部直忠

柴田芳雄

鋤柄竹右衛門

川田半平

服部源五右衛門

依田一学

井奥甚右衛門

浅羽左源次

六浦國治

松平備中守正久

堀田豊五郎

森吉右衛門直賢

横濱正景（豊橋藩へ）

森孫太夫歳直

山浦嘉右衛門

森孫太夫元直

森兵橘

栗原直救（笠間藩へ）

村上権六元忠

森弓矢之助直熊

森造助直之

秋山駒之助

菅野健治

鳥居鉄之丞
松平吉之
松平正路
本多玄蕃

森釓吉直方

森刑部少輔直綱は、初め小太郎と称す。江州森村の生れ、田中吉政に仕え、築州久留米にて千石、後致仕して江州に住む。天正十七年八月十五日吉田雪荷師に印可状を得、自彫の肖像並大太郎という雪荷村之弓を賜う。丹後田辺にて軍功あり。

森刑部直義は、本国生国共に江州、父直綱と共に江州に居住、射術を学び其の宗を得る。後平安に移り、酒井宮内太輔忠勝に仕え、元和六年本田隆綱に仕えた。寛文八（一六六八）年七月十六日卒、箭閑叟弓大居士。駒込大円寺中月岑庵に埋葬。

【伝書】『日置流弓之目録』（森家文書本）

一、足ふみ弓かまえの事
一、弓打おこしの事
一、顔もちの事
一、矢所あてかひの事
一、いきあひの事
一、胴に五つの事

一、勝手に五つの事
一、手さきに五つの事
一、かけに重の事
一、細矢まと矢の事
一、朝嵐あしき事
一、村雨の事同
一、はしきかけの事
一、まとひかけの事
一、引所の事
一、矢つるの事
一、ひかぬ矢束の事
一、遠矢の拵かけ合の事
一、遠矢射身なり足踏の事
一、遠矢射矢高さ不定、風により矢による事
一、横風に射心持の事
一、むかふ風に射心持の事
一、さし矢身なり足踏の事
一、物を射抜あてがひ足踏の事
一、ためし物射弓弦拵の事
一、矢と根との恰合の事
一、具足弓心持の事

一、引はり顔といふ事
一、弓にかねと云事
一、弓と矢とのかねの事
一、身のかねと云事
一、恰合と云事
一、はちかき弓徳の事
一、はとおき弓徳の事
一、弓を引射手の事
一、弦をひく射手の事
一、おおきり三分一の事
一、弓を射いて弓を射ぬ射手の事
一、もろおとしは身なりかいなによる事
一、篦に付てと云事
一、手さきを射つめてと云事
一、弓のうらよはきを射事
一、同もとよはきを射事
一、矢束により弓のほこ口傳事
一、弓力定の事
一、はなしなき口傳の事
一、弦射とむる口傳の事
一、あたり物あてがひ得一町二町の時口傳の事

一、前切後きれ心持の事
一、あかりさかりの事
一、にぎりの巻所弓により定事
一、ふとき弦とくの事
一、ほそき弦とくの事
一、きり矢束と云事
一、手の内に重の事
一、八寸の手の内の事
一、いろこかたの事
一、四寸の手の内の事
一、もみちかさねの事
一、つのみの事
一、弦のみちの事口傳第一上々
一、矢束にわかるゝと云事
一、矢半分と云事
一、弓半分の事
一、強弱三所に有町積による事
一、身ののびと云事
一、手さきののびの事
一、はなれてのびの事
一、聲に次第の事

一、よるの弓あてがひの事
一、のき目こみめと云事
一、弓とりさくる口傳の事
一、あひ引鐺あひの事
一、ふしても矢射出す事
一、はしり物射心持の事
一、人により矢束定事
一、弦のわかれの事第一
一、矢のわかれの事第一
一、弓のはとをき五寸壱分の事
一、同四寸六分の事
一、そき筈の事
一、つよ矢つまと云事
一、よはき矢つまと云事
一、いれたる矢ふる矢の事
一、かりまた射心持の事
一、かつてに四寸と云事
一、四寸のはなれの事
一、弓に地獄極楽の事
一、両矢の事
一、そらの物射心持の事

一、さまの矢射様の事
一、とつてゆくといふ事
一、つるなりにはなしの事
一、恰合の矢恰合の事
一、馬上の弓射様の事
一、雲はりの事
一、矢倉下射様の事
一、塗弓に火を入る事
一、ふしかげの矢おきための事

直之口傳條々

一、肩のたかきを直事
一、かたのおれ過たるを直事
一、ねち出す射手の事
一、いつく手さきの事
一、かつて大にきる事
一、ゆるまる射手勝手にあり臍に有かたにあり
一、こほしおちの事
一、つけ出すはなれの事
一、弓のたつふすの事
一、弓けつるかねの事
一、はやき弓の事

一、弓はりはつしの事
火矢之次第
一、拾匁　エン
一、九匁　ユ
一、壱匁五分　ハ　但間積による事
メ右くヽり上々
一、拾匁　エン
一、貳匁　湯
一、壱匁五分　ハ
一、生脳　少
一、松脂　少　但ひねこにして
メ
一、拾匁　エン
一、八匁五分　湯
一、四匁　八　但杉
一、五匁　松ヤニ
一、七匁　生脳
メ右筒火矢上々
一、油火矢上々
一、しやうなう火矢
一、へいの高さ四尺五寸の事

一、犬走八寸の事
一、おり屏三間に一つ宛之事
一、さまの長さ一尺八寸の事
一、横はば四寸貳分の事
一、やり狭間の事
一、のぞきさまの事
一、かくしさまの事
一、よこさまの事
一、といなり山なりの事
一、さまをかざるといふ事
元和八年八月十五日　吉田六左衛門
承応貳年八月十五日　森刑部直儀　印（花押）
延宝四年八月十五日　森刑部直往　印（花押）
森吉右衛門　殿

【伝書】『弓之村之大事』（森家文書本）
一、八分の弓は木しゝなくけつる筒のけつるやうにきりより上は入下は出るこれ一□のかねと云。
一、七分の弓は木しゝあるなしにきり下はろくに上は少入。
一、六分半の弓はひらくまろく惣様すこし入心也。
一、握の外竹のひろさは元はつの外竹のひろさに一分せはし。

一、元弭のかたのとたけのひろさ握の外竹のひろさに一分ひろし上弭の外竹のひろさに分中せはし。

一、元弭の長さ六分是にてはほそき弓などはもとはつながくみゆる故にはつさきまでの法は六分にしてめんをおろしてみじかくみゆるやうにする也。しかれともふとき弓などは元弭いくひにみゆるにより元弭のかたのかねにのへにきるかたなきうにきるかたなに二色あり。是則つるもちなり。

一、上弭の長さ一寸三分しゝおきかれこれ元弭おなじ。

一、元弭上弭の外竹のかたより見るかねのかたなの事

一、元弭のつるかふよりはつさきまでののりとつるなかみとのかねの事

一、上弭の弦かふのもち所とひたい木のつるあひののりとしゝ出きふしおとりの事、但弓によるべし又かたにきりやう有。

一、上弭の外竹の弭さきのめんをとる事一段ふかし両わきはあさし。是はりはつしの時のつよみのため也。

一、元弭のみはつとたけのかたの両わきを他の村にはかたのきわよりくる也。是心得なき事也。七八分程ろくにおきてそれよりしねんにくる心もちなり、つよみのため也。

一、惣弓のしゝおきはこむらのなきをほんとす。

一、外竹のうちのことをとる秘事。

一、平生の弓かうしやくとは上七寸也。此傳にはにぎりより七寸うへに大事のかけあひ有。

一、くり弓さし矢弓つねの弓三段のかうしやく村にもいかたにも大事あり。

一、なりに三段の事。

一、とおりに三段の事。
一、出かた入方の大事、外竹についての子細あり。
一、はりかほの大事はにぎり上七寸よりにぎり下のふしまですくなる心もちにて大鳥うちひめそりそつてつるはあたらざるをほんとす、惣別雪荷老のむらにはおとこせよわき心ありといふ。

右二十ヶ條能々御分別而村可被成候。

正徳四年八月十五日　　　　　森刑部直平　印（花押）

森吉右衛門　殿

【伝書】『日置流射藝之指南方』　（森家文書蔵本）

一、足踏の事、是は足八文字にふみはたかる廣さ壱尺六寸ばかり。但大小男によるべし。但先八文字にふみたる大指から三寸ひろけてまきわらの中より少前へ爪さきなるやうに踏なり口傳。
一、弓構の事、是はおし手にて弓とつて矢はけ手先まきわらのまへのすみへ當る根さきとわらの四寸後のわきへ當る。かいなと胴と巻わらのまん中へ一もんじ成るやうに見るべし。さてひさすえ胴すへて手ばかり打起射なり。
一、胴造といふ事、是は又なかはらの身といふ。
一、立一といふも同じ前なり。かへりてもおりてもそりてもあしきなり。はな筋からむねすちもへのつけね迄一文字にして常のあるきながらのやうにつけ立て手ばかりにておこしてより口傳。
一、横一といふ事、手先とかつてとひちとかいななりに一文字に引立るを横一といふなり。是は身なりかいななりよき射手の生れ付るによりて直べし口傳。
一、大切といふ事、これは身半分手さきへ引出したるが大きりなり。手さきへもよらず後へもよらず弓手勝手筋骨つきぬき十文字にして立一横一と云それにより大切三分一と云なり。
一、三分一といふ事、かつてへ引こむ胴もかねに合するやうに射が大切三分一のかねにあふ射手といふなり。かねに口傳。
一、打起と云事、引所へ心を付息つき手ばかりにて引籠なり口傳。
一、引込事、是は勝手のこぶし上てにち肩に引籠也。
一、手さき弦あひ四寸五分の事、是は勝手のかけと弓手の脉所の弦の間廣さ四寸五分ばかりにかまゆるなり口傳。
一、ねさき四寸の事、是は何にてもあれ當所の後へ根さき四寸のけてこぶし當所の真中へあてさらりと打起射は勝手へ引籠てまん中へ當る也。一だんかつかう能してかねにあふなり。
一、ひぢなりの事、是は引籠てより勝手の手くびとかたとかねにあふなり射なり臂たかくも又下るひぢもわるし。後へ引廻しかりかねほねにこたゆる様に引籠臂に精を入かけばうつかりとかけて手先からはなす也。是は身なり腕なりよき人に教べし口傳。
一、金といふ事、胴かほおして勝手身の骨矢のかねかけのかね引籠てみな金に合る事又座敷の金いつれもさだまりたる事なり。弓第一金はづれたる事あらば矢わさ有間敷かいつれも吉悪金にはづれたる事第一あしき事なり。
一、強弱といふ事、これにぎりかわより七八寸上を引様に射るが強弱なり。是は手さききむる射手にわろし又一を引ところ共いふや、子細は色々あり。

一、身の金といふ事、的射る時各々の内の能射て見せんとおもふ人の方へ我がむな筋をあてあしふみ違へて何れもきてんにて射る身のかねなり。

一、物見といふ事、是は弓手にあり弓構して扨射込所へ目付をしその目をちらさずはなつてから弓と大指の節との間から射込所見つむるが物見なり。

一、こしづめといふ事、是は放てから腹腰をひの上に付てしまるやうに射るがのびになりてよし。

一、ひぢつめとい事、是は引込後手のあいへものを入はさみきるやうにして後へ引廻したるがひちつめといふなり。是はゆるまる射手の事又かへりと放射手によし。

一、すむといふ事、かまへてすむ心打起てすむ心放てからあとのすむ心有て弓くずすなり第一納りのきはめなり。

一、放なきとゆふ事、是は弓手のびに心付て手先よりはなすなり、かけはうつかりとして手先から放す様にのびてあとこえにつけてつむるなり。

一、掛重といふ事、是はこぶしなりによつての事也。何れもこゝろもちの事なり。

一、矢の道と云事、構にあり。是は打起弦あい廣くかけひきてろくに引こぶしと肩とろくにたもちたるが矢の道ろくなりといふなり。

一、弦のはなれといふ事、是はかけと弦とわかれたる事也。

一、矢の離といふ事は手先にて矢と弦と離る事也。但手にて射て見すはかつてんゆきがたし。

一、弦の道の事、手のうちよりおこり引取やうに心持是も射て見すは合点あるまじきなり。

一、弦の納りと云事、弓村かへして弦と手との間一寸八分あまりなり是を弦なり取るりと云。

一、鱗かた手のうちの事、弓持て手先うは筋すぐになるやうに弓の前の方のうち竹のかどに横一文字に取たがいろこがたの手のうちなり。是も打起引とりに極る也。是も金少違へば一段あしき手の内に成なり。

一、箆につくとい事、これはかまへて矢はげなりに手先へ引出し矢こぼれなき様に矢なりに引が箆につく射手といふなり。初心なる時はあしき事なり。

一、くるみの事、足踏そろへて右のつまさき後へひらき左のつまさき横になして前にてかまへ雲に目を付射込所へより三間斗前に根さきをあて穴の方打起す内に胴の気ていかにも身をわり込て射込所へ手さきじり〳〵と引出に内にのびにつき引納手先からはなつなり。いきかけはなさゝる事第一口伝傳。

一、指身の事、足踏ひとつなり。射込所へこぶしあて引門に胴のけ身を割込、のびにつけてはなす。是は山城平地山成谷尾によるなり。

一、つくばいて射様の事、左のひざをつき、右のひざを立、胴すぐに持弓のもとはずひざの後へ察し、かまへて尻上うち起身を割込かゝる様にて弓ばかり引様に少ふせてのびあがり心かけてさきから放様に射なり。但かけこぶしに口傳。

一、ためしもの射様の事、弓はぬけていかにもしたるき弓弦もふとくさぐりも大にゆひて矢もかたのにくはきねらひ物目下に置て射べし口傳。

一、弓矢恰合の事、矢束貳尺七八寸ならば七尺四寸ばかりなるが吉。矢十貳束余ならば七尺五六寸なるがよし。射手によりての心持也。少みじかくても手さきよはきは苦敷からず口傳。

一、羽ちかき弓徳の事、是は細矢射るによし。

一、羽とをき弓徳の事、是はふとき矢おもき根すけてる矢によし、又走物射によし子細あり口傳。

一、弓引射手といふ事、是は手さきつよき射手弓斗引出し手さきばかり引か弓引射手なり吉。

一、弦引射手と云事、手さきよはくかゝみ弦が引てへ引過たるか弦引射手なりあしき事なり。

一、弓うらよはき射様の事、にぎり取下て射べし何れも此心持にて射べし口傳。

一、弓力定る事、一人力と云は銭十貫五百又弓に結つけて弦引上て矢十束程弦持上るが一人力と云重々口傳。

一、にぎり皮巻所の事、大切三分一とはいへ共是は弓によりての事なり。持合よくふりて見て巻べし。たんれんの口傳。

一、村雨と云かけの事、うつかりとかけ雨にても落やうなるがよきといふて名付あしき事なり。

一、朝嵐と云も同前なり、あしき事なり。

一、きり矢束と云事、是は引過たるをさきへひかせかつて出してひぢつめて放なり。又みじかき矢にて射る折も根まで引つめてさへ放せば一はい引たる同前也。是をきり矢束と云なり。

一、狭間へかゝる射様の事、是はへいより間半分退て狭間の後の角より四五寸も後へ退て立矢の根さき後角へあてがいて手ばかりにて打起し射也。後角のもの射折は弓ふせて射なり。又前角のもの射折は弓を立て引なり。又遠物射時は山なり土井なりにて立てもつくばいても射なり第一口傳。

一、矢狭間切様の事、是は長さ二尺八寸内外の面とうす。但下のさき角は面取なり。是はさがり矢横廣さ四寸なり。

一、鉄狭間と云事、鉄炮と矢狭間の間に一つゝまる狭間切也。常は角にして置なり。敵塀うらへつき狭間からむおりその狭間つきぬきて鉄炮にてつくなり。是は射手かくし狭間なり口傳。

一、山なりと云事、是は高き山ならば土際から壱尺内外に伐て吉。但犬走廣く山高き所は高く切也口傳。

一、土井なりといふ事、是は平城の事也。狭間高切てよし。但敵きつき大木など能見合てたんれんして切也。

一、天つく地つくといふ事、是は手さき弓打起の事、弓うらはず天へつき上げもとはづは地へつむやうに心を持て打起たるが天付地すきと云也口傳。

一、弓手人さしゆびはじく子細の事、惣指にてにぎりされば手のかたくありて弦をとなし、又弓もまけて矢くせあり。うつかりとにぎりたれば弓程に矢わざあり。またにぎりかためて射は弓死し矢半分になる也、心持口傳。

一、放所の事、是は一はい引こみてひぢと手先へ気をつけ心しずめてかたにてはまりのびについいて放たるが放所也。

一、はなさるゝといふ事、是はかけにて放せばはりゝと放すによりひぢつめて直指ばかりにてはなし、さて手さきへ精不入のびにて放により放るゝと云なり。

一、矢の根すけての恰合の事、是は何にても何れ根すけてよりねたまきよりすけふしのかたにてかけ合ねたまき合たるが恰合なり。三寸四寸にかけあいたらばかならず矢箆うちにするなり。

一、羽四つ立矢の子細の事、是は射かたにはひらねかりまたすぐるなり。其子細はまはらてすぐに行矢つよく有により吉、羽うらをさけぬといへ共射手方には羽うらよく付るなり。

一、軍陣に持て行べき矢の事、是は主の弓にかつかうの根ちいさき根とも第一すやき又小すやき又いかにもうきたつたる篦に雉子の羽のなしをつけて持べし。是は遠物射込などの折羽をねふり付て根先よくとかうして射べし。是は心持の事又大きなる根射所の事是は七八間の内外の事なり。うは気になりて見横ひ其外遠きもの射は必射そこなふべし。二十間三十間五十間迄はすや木にて射べし。小すやきは野伏に射べし第一この心常になくては必不学あるべきなり。

一、馬の上にて弓取所の事、弓をおしてにてうらはず右へなしにぎりの時分をくらの後輪にかけて弦くらの内へなしてしりにしきて手あぐるなり。

一、弓かけさす心持の事、いつものごとくさすなり。しまりたるは必矢ふるなり。大指へかゝるひほはしまりたるがよし、ゆるまればつけはなしする也心持あり。

一、いつく手の内の事、是は手のうちろくに取手くび小うでやりて射るが必手を打なり。是はいつく手の内といふなり。昔皆如此射なり。雪荷老せんさくして一つの手うらになるなり。

一、まといかけの事、是はかけのかたと人さしゆびかたくさしたるへ精を入すひつたりとかけたるがまとゆかけと云也。一段あしき事なり。

一、取て行といふ事、是はかまへの内にきおつめそのまゝ引内にはなれたるが取て行也。これもあしき事なり。

一、引ぬ矢束と云事、是は一倍引てもゆる事也。又弦せまりて手をうちそこにて矢はなれは弦と弓とのあいが引ぬ矢束なるなり。

一、十三束引て十束になると云事、是も弦まはりまて矢を贈しに道にて矢のわかれたが十束に成也、又弦の道よく手さきへ弦おくりそこにて矢わかれたれば十三束に成なり。

一、十束引て十三束に成ると云事、是も四寸五分の金にあわせ弦なりに引込手の内もとらざるやうににぎりひぢつめて手つきから放矢を弦まはりまで弦をおくりたるが十束引て十三束に成也。又矢弦おくり矢のわかれの事は是は射て見ずば合点有間敷也。色々口傳。

一、胴に五つと云事、是は能事壱つ悪敷事四つ也。かヽりても退てもそりてもおりても悪敷也。唯常にありく様につつ立て射べし。

一、手先に五つといふ事、是は能事一つあしき事四つなり。あがるもさがるも又前へよるも後へよるもあしきなり。たヽかいななりにして筋骨不違様にして射べし口傳。

一、引手に五つといふ事、是は右のごとくひぢさげても上ても引過ても悪し、唯こぶしなりかねに合てうろしにひき込てよし口伝。

一、二町の内外死草射目当の事、射様は立てもつくばいても如常平地谷尾足踏にあり。是は射手見ずは合点有間敷なり。當所へ手さき見こみやう五反六反七八反まてはおし付て射べし。これは主の弓の小ひやうせいひやうによりての事、當所へ手さき當て其まヽ引所へ心を付て射べし。又壱町半弐町のもの射折目当の草の通り上なる山雲草を目当にしてねらふなり。是も常に十間五間上ねらふて當草の所に矢を射込やうに射べし、何時も人中にて射は先一番の矢を高く射べし。そのこヽろ見て乙矢かげんして射べし。つねに稽古の口傳。

一、胴射様の事、是はえんにつくばい弓かまへして弓の本はず左の脇の後角へなし其ひらきたるかまへにて引所へ心をつけ身をわり込て扨手さきよりのひにつきはなさざるやうに射べし口傳。

一、胴射るをり目付あり、是はせいひやうならば矢つきえんはし軒口えきるヽ折は右の足ひらきて射べし。前きれの時は右のあしぶみ出し射べし。小ひやうならば目付十八九間先にすべし、よくたんれんして矢かず四つ五つ程宛射べし第一口傳。

一、阿うんの心持の事、他流は阿うんにてかなすなり。當流は何のゆに放しうんにてのびてつむるこえ矢こえもえいとかくるも口傳。

一、えいとかくる聲子細ある事、是は或合戦にいわく日置殿矢先にたまる者なし、矢たねつきてある土井にやすみ給ふ其まヽ敵かヽる時はをきたつて弦おとして後にえいといふ其聲におどろきててきしりぞくなり。扨その日の合戦かち軍に成るによって其聲を拍子をとれば吉と云て其よりかげの聲と云、其によりたんれんして弓に拍子を合てえいと云聲を初る也。

一、やあとかくる聲子細之事、是は聲を出す其故によりえいとかくればはらしふるによりやいとかけさする也。是は置さすなりあしき事なり。

一、聲かくる拍子の事、是はひやうと放てえいと掛る也。但放てとこえ前に聞る様成が本なり。

一、敵とあひ狭間之事、是は一間成りとも小さ間高く切て射べし。矢下なれば内に手おい出来内にかまぬ物也。矢高く敵射かけば内こヽろやすき也。但山なり土井なりやぐらせいろうによつて也。

一、弓に矢はげて手の曲の事、弦に矢をはげてさぐりの所にて矢と弦と立るよこかねに合て恰合なり。是も本よはき弓もとつよき弓によつてはくるにかねあり。本よわき弓はねさき五分あけて射べし。本つよき弓は根さき五分さげて射べし口傳。

一、うつぼに刺矢なみの事、是は身なりをあけてなす也。又とがり矢四季によりすやきなどはみたきて手先に置べし。矢によつて取まき根にたんれんすべし口傳。

一、矢の根持様の事、是はかりまたなどはよくときてはをつけてよし、けんじりとがり根ともはいつれもみがきてはのつかざるがよし。

一、ぬり弓にはせき弦をかけてさぐり大くゆびてよくぬりておもきやうなるがよし。弓もしたるきそこのある様成をぬりたるがよし。ぬけ心矢数射るによし。但野伏射込などには細弦かけにま弓にて射べし第一口傳。

一、あふりうちはじまれる事、是はかみけつるたう節の竹にかわつけていたし得は水つきてよりはなれたる時ありにへにて付むし候事ならざるによつてあふり付にしてみる水にもそんしす一段とよきと見て弓もあふりうちにして弦つよき事矢のはしりよき事其よりはじまるなり。

一、塗弓ゆがみたるを直しやうの事、是はゆがみたる所にごまのあぶらをよくぬりて扨わらをはつ〳〵とたきあつき程にあぶりさてすぐになるやうに草履はきて踏なをすべし。いかにも手前はやくすべし。扨つめたき水にてふつのこつけて洗なり。

一、遠矢はぎやうの事、是は篦こしらへは火けよく入てためあらいやうは本のかたよくあらいさて上はつのかたあらい中ほそにならざるやうに洗扨篦中にてかけあわせ本一分貳分程かるきやうにあらいおき四五度もさい〳〵ためてよし。扨篦かたまりてから羽付るなり。貳尺五寸内外の矢は羽たけ貳寸四分程成がよし。かみはぎからすさきまでの長さ壱寸四分にすべし、はずまき本はぎ恰合能はくべし。又弐尺八寸内外成る矢は羽長さ三寸四分程成がよしとかみはから筈先迄長さ壱寸三分半ばかりに作べし。篦拵様は右之ごとくなり。但本いたる篦をあらいきれは當分は得共のちには篦よわく成て不行能篦まれ也。又羽はさきかものかたよし真鴨めん鳥よしこれは少ふとくあり。何れも羽さき捨羽もとにて作りくきかけても苦敷からず、いつれにてもはくといへども鴨のかたははしきてよきによつてそれよりかくのごとし。

一、遠矢ひみつの事、是はもといたる篦又あしきさいくにてもあれいかやうにも見苦敷共はきなをし候得は行やむなり。其儘射べし。また當分一両度成共やりたきとおもはゝ篦よく火け入てもとあらい切よくかけ合て射は當分行べし口傳。

一、火矢薬合やうの事、一塩硝拾匁一硫黄八匁一灰貳匁五分三色合ておろし扨はい入てあらおろしするなり。餘にこまかになればつよくはやくたつなり口傳。

一、火矢つゝみての事、拵やうしやうのよき竹さきにふし一つこめてふしよりねさき長さ二寸ばかりふとくきほうのやうにけづりてよくとがらかし扨薬つゝむあいほそくけづり此間長さ五寸ばかりなり。篦入貳寸これは又ほそく矢にすくるやうにけづるなり。扨杉原のうすきをもちて薬を包程に切て其上に薬ひろけて扨竹にはしから巻こみてふとき七八分ほとに包薬ほそくして十文字にまきてよし。又木綿糸うちて少薬をもみ付てさきに巻付扨火を付て行には薄糊を引てほしたるがよし。是はふゝけさすまじきためなり。

一、胴火矢拵様の事、是はふとさ貳寸内外長さふしからもと五寸五分ほどに薬こむあい四寸あまりの胴矢のねさきに入薬よくつき込て矢すけべし。筒さきはかりまたのやうによくとがらかし削てよし、またいた矢くらなどは金根すけて射てよし。胴さきにふしのよのはたにあなあけてくすりこまさるさきに木綿糸に薬もみつけ火縄の様にうち扨あなへ入よくつきこむなり。扨射行は火付ちかき所は筒さき火吹出してから射べし。

遠くともかげんよくたんれんすべし口傳。

一、打きりに射させぬ様の事、これはいかへすこヽろあしき也。自然にかつるやうに教べし、かへそうとおもふこヽろあるはかならず小うてゆきそのくせなをらざるもの也のびばかりこヽろかけ手の内ほつかとはなつばかりにてかつるがよし。弓は取おとしても苦敷からず、後にはしねんとかへるなり第一口傳。

一、あをのく射手直し様の事、是はむねにてをりあしふみつまさき向へなし、あし踏ひろさ一尺五寸ばかりふますべし。但大小おとこによつてふますするなり。弓は希にもよはき弓にて稽古すべし口傳。

一、さきへかヽり左のかたはらにくる射手直し様の事、まきはらへ向てかまへ右のつまさき一もんじに後へ踏左のつまさき右のきびすの通りへふみきびすとつまさきとのあい五寸ばかりにふみ扨ねちむき射なり。胴なをりあしふみちくくと直すなり。

一、よりひぢ直様の事。是は弓かまへいつものごとくかけ扨たかくゆび人さし指のつけねのふし弦際へつめてかけ弓掛たをヽいとあわいとうてくびとの間一寸あくやうに打おこしにしかたに引て扨臂さけて引込也。是も直次第かけ直すべし、直りてからかねに合て射べし。

一、手さき弓たち過ひらいて直様の事、是は引すへむねおりこみかたふせて弓引出し射也。但ふし過たるよしましなり。

一、とうくねりたる射手直し様の事、是は恰合にはたかりつまさき両方なからすへきびすころふほどにはたかりひざすへて扨つつ立て射べし。但弓よわきにて稽古すべし口傳。

一、勝手はなれてより手のうち見ゆる射手直し様の事、是は常は弓射る折扇成共もてせて稽古すべし。

一、勝手ひぢさきつかる射手の事、是は希にもきめてかけ手くびおしこめ左臂に精を入臂から打起し射てよし。臂直り次第金に合てからきむる事直るべし。

一、生れつきよき射手直しやうの事、是はしのはりを七尺八寸にも致し是にて稽古致すべし。扨あしぶみ弓構胴造立一横一大切三分一いづれもよき金に合て五六日もす引する引く弓ばかりいたし扨いづれもつめ所共よく学てより扨ほんの弓よわきにて先打きりに射べし。扨押手に扇持せて先手の内よく取覚させて弓いかへす様におしへべし、稽古たん〳〵にしてあれば後にわれと合点内こすべし口傳。

一、手さき手の裏こぶしなりの事、是は大地へ向て枝突がごとし、是は手の内こぶしなり合点ゆかざる人にはやくおしへんためなり。そのこゝろは枝といふ物は我かたちからに成るによりうはもおうちも子どもまでもならいなくみしかにきりて枝を突なり。其次に弓もにぎりたるがよし。是は生れつきにすればつよみに成るをしらせんたるの方便なり。いづれも此こゝろ生れつきにて弓も射てよし口傳有。

一、勝手大指弦へかけて金の事、扇ぬき勝手にて身つくろいしえりとりてをしこみその手矢はけたる所へすぐにゆびにきらすゆびほそめてとり付なり。扨矢はけなりに大指一文字に矢の下にあて大指のふしかゝみめの所へ弦あて人さし指の付ねのふしと中のふしとのまん中に弦あるやうにかけたるが曲也口傳。

一、手さき落るを直し様の事、是はかけにて少弦ねち人さし指にて矢おさへて手くびつき出してにしかたに引なり口傳あり。

一、弓ねちかへすを直し様の事、是は前のいつく手の内をにぎらせ射さすべし。なをりたる折ろくに取て射べし口傳。

一、はなすをりひらく直様の事、是はひきてからひらくにをして入て射さすべし口傳。

一、弓かつく射手直様の事、是は手先にてならすかつてにて直すべし、かけ常の所より筈一寸さけて手さきこぶしなりに引出して延ばかりにて射べし。

一、ゆるまる射手直し様の事、是はうつかりと引込て勝手ひぢよくつめて手さき延斗心かけてうつかりとかけ手先から放つ様にひつしりと射べし。

一、肩の高さを射直し様の事、是は恰合よりもあし踏ひろくはたかり射べし口傳。

一、かヽる射手直し様の事、是は左のつまさきをうちへふましきびすを出しふみ右之足つまさきをひらき胴はつつたつて手斗にてうちおこしあしのひざなりに打そらしはなさるヽやうに射べし。

一、はやき弓直しやうの事、是は気成心に直す事おしへにてはならず木にて直せば直るなり。其子細はおし板障子などへ押當て引ははなさぬなり、巻わらへかヽればはや放すべし。名去はやき弓は一はい引てたもち放すにしておき臂つめて心持おぼへゆるめて直る也。またうちあて引しか〳〵とさけて又矢つかみてまたしめて放はたもちに成り身なり腕なりによりて直しやう口傳。

一、手うち弓直やうの事、是は弓そはめにヽぎり引所へ心付弦なりにかつて弦あい廣引込也。押手はかた胴斗出したるが手うたんなり、是は腕なりによつて直す也。

一、肩のひくきを直し申事、是は常のあしぶみよりも一尺もすへてふませべし、臂さきと手さきとへ気を付引下て肩にて延て射べし。

一、勝手掛こぶしなりの事、是は横成物を取て引くがごとし此心はこぶしなりそりてもかヽみてもゆがみてもつよみはひかれざるにより生れつきによりて引はつよみになるを知らせんための方便也。他流のおしへ色々おヽく有によりて當流はよこなる物を取て引ごとく生れつきのこぶしの様にかけて引たるがよし、色々かけおほしといへ共みなあしき事なり。細矢大根射る折も少宛心持有一つのかけよくたんれんすべし、是は可秘々々口傳にあり。

一、右のかたはらにけ遠のく射手直し様の事、是は左のつまさき巻わらへ一文字に成様に踏扨右の爪先左のきびすの通りになしきびすに爪先あい廣さ五六寸にいる也。胴直り次第に足踏なをすべし口傳。

一、こぶし矢にてすりやふるを直し様の事、是は矢の根のかた恰合よりも五分ばかりさけてかけ人目に不見様に射べし、直り次第にちく〲と直して射べし口傳。

一、大指割と云事、是は門矢籠にて敵付柱切をり上へ射様弓打上て引込扨足ふみ遠く手さきをしか〲とさけて狭間のはた踏たる左の大指はしらへおしあて下なる物ねらひて射べし。又狭間きる様の事く丶りのうへ何れもてきつきか丶みそうなる所に見合てよし。常はふさきて置也。東西には切ざる事也。其の心得肝要也。

一、雲を取といふ事、是は遠矢射る折能高さの通りに雲に験をして引、扨又放所も雲に目印して其所にて一しめ引しめ放をばこぶし定り矢所違ざる物也口傳。

一、山を取といふ事、是も一町半の内外射る折あて草の通り上なる山に目を付高さ廣さはわが弓勢程にかげんして射べし。つねに稽古肝要也。第一口傳。

一、木をとるといふ事、是はこ丶ろもち一つ也。或は射込さし矢遠矢の折も其通きりにも目を付てくりか丶れば必通りはづれざる物なり。高さ廣さは一つ射て見てかげんすべし、先初射る矢は高き程射べし、能目積兼〲たんれんすべし、第一口傳。

一、かけ口傳の事、是は弓構して胴造出し右の手にてえりをまき込帯しきは手おさめて手先か丶まざるやうにのばし扨右の手と丶く所弓引寄右の手と一度に双方の行合様にして矢曲にはけたる矢下へかけの大指のふし弦にて矢なりに一文字に大指能かけ扨人さし精たかく指のふしにて大指能おさへ指先へは少も精を不入うつかりとして中の節にてよくおさへこぶしなりはきめてものへても又たきてもひらきてもあしきなり。

一、唯生れつきのやうにろくにして胴をすべて手斗にて弓打おこし弦なりのごとく引込て射べし。是も長くしさらぬ折に此心にかけばかならずはやくせつく也第一口傳。

一、手の内口傳の事、是は弓構する内におしてにてうわすじすぐに弓の内竹のまん中にあてにぎりて弦とつると手くびと脉所とつるあい四寸五分斗あい置て構をして人さし指の根にてをし指さきへ精を入ず大指すぐに成様に持人さし指はじき是も指さきへ精を不入もち大指のねのふしと人さし指の根の節と大指のふしと一分程ひくき様ににぎり構也。大指しまればたとれする也。又人さし指しまれば弓立過て手の内ねちかへしみなかねにはつれ引込胴何もみな違也。弦なりに引弦の道よくあれば十三束の延に成手の内に成也。能々可取覚事第一也。

右射藝之秘術日置之一流的之家傳数代をよぶかうじて吉田古出雲守彼家之譜を初自有更得以来三代之孫六左衛門入道雪荷老人清水丹後國有下向長岡玄背法印有柳留加佐郡田辺江をいて終焉せうるゝ伴喜左衛門一安其門弟の人みにかく送数歳過し天正十六年七月下旬比老人當流一部百七ヶ條遺偏安傳受の旨印可證状目録を相添為其證人彼息六歳是ふる共一部者数代目録以事相積而巳也。小笠原貞元の上覧侍られし射禮日記之序にも上古以来面々授事メ道之聊尓を依禁也。雖然粗一巻を撰と見えたり。是以見二武士習不定之横死今日者不存迚明日難期世當道を唱失也。其遺恨成べしと安愚昧をかえり見ず、彼日記百十七ヶ條下に註脚を致頭書共に三巻とす。爰に丹後國長岡與十郎殿躬術御習学故和残に印状を相添所致進献如件。

慶長拾五歳八月吉日

【伝書】『日置流射藝之指南歌』　（森家文書本）

一、小人のきやうなりせば種にして　日いづるごとく弓をいさせよ
一、つけたかくとふをも直に引たもち　尋常の射よ小人のゆみ
一、うしろよりかいなをとらへいさするは　ようちの人にしなんむするやう
一、弓手めてぬきをぬきたるごとくにて　とうは柱に足は老木よ
一、胴の臥射手はあまたのなんそ在る　むねじり出てかほそりけり
一、かほそらば右のまなこを見かまへて　弓手をしさけ上筋をはれ
一、顔もちはやよとて人のよぶ時に　射るとこたへて見むくすがたに
一、ひきのりは矢さきをひきく指下て　目あてをさげて射さするぞよき
一、引付る手くびかゝまばひじをあげ　ひねりつよくいよとをしへよ
一、はなし口をびえて射ぬる人なれば　ほがみへ心やれといはなん
一、はなす時両の肩先よりいては　三四のずいにこゝろかくべし
一、つけやりのきりを直ば打かたな　かたげさせつゝけいこせさせよ
一、さしかたは弓手の足のつまさきを　前に踏せてひざを折せよ
一、肩たかくくびのつぐまる射手ならば　もとのすわれる弓を射させよ
一、肩たかき人をばひざをおらせつゝ　たふをすへさせ射さすべきなり
一、五つほどあらん曲をばふたつほど　ぬしにしらせてなをし射させよ
一、曲あまたあるが中にもひとつづゝ　わきてあしきをなをし射させよ
一、あをによしならいは弓にいらぬとは　かうしやの心ひきてみぬ人

一、なわてすじ遠射するには腰へ矢を　ちらさぬことは本意とはいへ

一、きね羽なしかろき木ほうを射る時は　のぼりてのうちよきとこそきけ

一、帆をあげよかた帆のかけよおろせよと　いふは遠射の風の吹とき

一、的弓も遠射せんにもかねてより　はりておかずば元矢はつくまじ

一、此ころはひくきはたゝ射かけ弓　こぐちはまたはたかきをもて

一、指南者のはひくき弓をこのめるは　手の内つよく射せんがため

一、梓弓帷握にひする手の内に　せんりのほかへ射やらんとおもへ

一、はいもふも射手みせ顔もむやくなり　ありのまゝなる弓ぞみてよき

一、踏ひらく廣させばさのあし合は　おの矢つかの程にしたがへ

一、大とりのはたかき弓を射る時は　かいこといへる手のうちぞよき

一、はる〲とたびゆく道や夜の道　ようじんの時うちねはなすな

一、器用なる人しも弓をかへり見て　日々に三度はせめていよかし

一、我がためにつよき弓ぞとおもひなば　心にかけて一未三骨

一、弱からん弓をも人の見る目には　つよきかとくいよ心意気

一、ひようによくあひたる弓を射時は　はなしの心たへ皮肉骨

一、のりく丶みかゝりのきとふなをすには　おびと弓とにならひこそあれ

一、ぐんばいにもちいても能さうまくり　にぎり手のうち流ぞおほけれ

一、あら木にてのべや的をばいそのかみ　ふる弓はたゝいくさばへもて

一、さまの矢や貴人の御前的目当　いきもの射るにつめこえはなし

一、うち切にひざをわりつゝ射ると云は　ふね中こぐちそはつたふみち

一、かさねぬるころもは春にあらねども　とひかへるべきかりまたぞよし

一、さぐりをばまくらにせよといひ送る　いくさばへ持弓にこそあれ
一、矢つがいは心をしつめ手をはやめ　こゝろいそげば手こそおそけれ
一、野ぶしにはよく引付て能まかせ　こびきになりと射やあひ引
一、ふしんなりつね射てふりする人の　こくちとなれば弓をもたぬは
一、手のうちはおつ取こぶし息あひは　一見にしかじこぐちゆみには
一、前おしは常にみくるしのきとふも　さもあらばあれ立うらのゆみ
一、初心なる人の射る矢はこうしざま　かどをも出ずとゝまりぞする
一、たてうらの大ちゝみ又さまの矢の　こちゝみもよしかつはうちきり
一、つよ弓に大根を射べき手のうちは　もみちかさねにこがらしのかけ
一、夜軍はなにはの事もみへわかず　ふせ弓にしてあしもとをいよ
一、軍陣や狩場のあそび時々に　弓のもち様かわるとぞいふ
一、老て後おもき手ぐそくさそくだち　かなわんものかたのめゆんつえ
一、うち切にしかしがしたゝうまのうへ　ゆだんはしすなめてきれのもの
一、座鋪にて畳のへりを鋪の床　いろりのふちをふまぬとぞきく
一、弓を射は扇子はなかみしたに置　ゆかけをさして手を付ていよ
一、かゝるには貴人の方のひざをつき　袖を返してかたをぬくべし
一、かり初も貴人の方へ矢のさきの　むくを不礼と是をいふなり
一、弓をもち貴人のわきを通りなば　主人をめてになしていくべし
一、鋪島の道とおして日はくれぬ　過にしほどのゆくすへもかな
一、よみをける此うた心たゝしきは　みつの矢のよくいかでもれべし
一、射手はたゝ神事にもまたかなふべし　神事矢ぶさめみるに付ても

一、三の輪やあたらんための的なれや　ほとけも弓をもちいこそすれ
一、武士の引まふけたるあつさゆみ　かずある敵のむねにあたらん
一、射手の矢に名を書付てやるならば　矢にぞわか名をあらわしにけり
一、独ゆくみちしら浪の立たやま　夜半には弓をしくものはなし
一、用心に小弓を置ときくならば　たうそくのためあし引のやま
一、わすれても忘まじきははなれくち　をしはなも身にとこのおほきに
一、弓を射はうつゝの内もわするなよ　手さきのさたむ心もちをば
一、射手はたゝつるとゆみとにはさまりつゝ　はなし所はむねんむさうに
一、弓はたゝ射手に寄ての物なれば　きりこえもよしかけ聲もよし
一、人ごとに生れ付ぬる弓かたを　みないちやうとおもふもぞうき
一、ゆみはたゝならいのまゝををしゆべし　いしよばかりよむ薬師なりけり
一、長矢つかうでのふときが射てならば　ならいはさらにいらぬものかな
一、いかにせむ押手はぬるくなまなへて　勝手かちなる射手はかなしき
一、朝あらし初心の射手につたへなば　昼をばすぎてゆふあらしなり
一、臂はりにいたる所は見よけれど　矢の大わざはならぬものかな
一、肩骨の出ずる射手こそ矢つよけれ　勝手さがりて射るかたはうし
一、弓にかねあつる心にありながら　人によりける和歌の浦なみ
一、皆人の力矢束のをとる事　勝手のさかるゆへとしるべし
一、弦拍子弓のひやうしといふ事を　しらでものふる矢の不思議さよ
一、弓はたゝ拍子をせむといぬ人の　なか刀すく兵法の人
一、稽古にはさしき所はおほくとも　たゝ一遍と云ていさせよ

一、矢のこゝろゆみの張かほしらずして　たゝ射る人は名をばとらまじ
一、うつほなる矢の根はさびて弦ふとめ　弓射る斗いるはいるかは
一、人の弟子かまへてゆみをそしるなよ　その人ことにこゝろあるべし
一、中すみの弓のあしふみはずれなば　ならいうけてもなにゝかわせむ
一、我が弓の構をざにもならずして　ゆるし印可を望おかしき
一、皆人の其師をまねぶもんあれば　をのがゆくすへ大事なるべし
一、稽古には百矢いるより四つ五つ　ならいにせむと射るのまされり
一、難も實にはやし時はすく物を　とおして射ぬる人はまれなる
一、陰陽の和合とゆみは射るなれば　押手つよなる射手ぞいてなり
一、傳なよがてんのゆかぬ射手ならば　大事はさらに大事ならぬぞ
一、當流の弓の雑談あるならば　心にかけて聞とめてよし
一、一水のながれのすへはゆたかにて　よもぎの矢をもなをやたもたん
一、千早振かみのめぐみのあるならば　あふくにたかく名こそ聞ゆれ

古流聞書

一、矢つかと弓とちから皮ながくはつけみじかくはきれん
一、弓手はちゝ馬手はは丶なり矢は子なり　かたおもひして子はそだつまじ
一、朝夕のしばのいほりに立けむり　いつむらさきの雲と詠ん
一、よく引てひくなたもつなかゝゆるな　はなれを弓にしらせんぞよき
右古傳には頭書を以弓学を働致上手候へ共、近代者頭書え注を付縦令歌に和指南等と致手は下手にて心計至候。加様之書物古人よりは堅法度候得共、中古より加様之書出来により相傳殊受数年之御執心不浅により右之書物共致相傳候。弟子之外努々他見有間敷者、

仍如件。

承応貳年八月吉日

森刑部少輔

直儀 印（花押）

森孫太夫 殿

【伝書】『日置流射術指南歌』（森家文書本）

足踏弓構之事

足踏の廣き狭きは定まらず　其射人に替りこそすれ

足踏はをのが矢束に随て　艫舳を直に踏詰て射よ

弓打起之事

弓構しらで必射るは　先ならわぬと兼て知べし

物毎の起りと初大事よ　肘腕くびの強弱に在り

顔持之事

顔持はやよとて人の呼時に　いなと答て見むく姿よ

顔もちはほし釣相くび強く　めじりめがしら見定て射よ

箭所宛ひ之事

いつくにもかねのつもりのある物を　片下り成身良危し

箭所は射人によりつ替とも　押手上筋勝手弦つぼ

息相之事

つめ聲はよしやなかれ短かれ　短とても息はながかれ

射人に息数多ありとも息の字を　しらざる人に教かひなし

胴に五つ之事

迯かへり立臥事は物よかる　一つの胴に是ぞ是なる

弓手右手貫をぬきたるごとくにて　胴は柱に足は尾引に

勝手五つ之事

四つを去り一つに窮め腕くびを　力を入て尋常に射よ

能く引て引な放すな保ずと　放を弓にしらせぬぞよき

手先五つ之事

前押すや後開やあげ下げも　嫌時には唯一つ也

上をおし下を握も弱み也　中筋張て弓にしらすな

掛に重之事

掛は唯物に寄ては替れども　折目のかけにしくことはなし

懸て引弦の納り定らず　ゆびには物のさはらぬぞよき

細箭太矢懸之事

弾きかけ強かけを只知りながら　心乱ずは射人にてはなし

細矢には弱き弓こそかつこうよ　太き時には強き弓吉し

引所之事

足曳の山にのぼせる小車の　おこす隙なき心こそすれ

引取の心は弓の大事や　油断はしすな押手肩先

不引矢束之事

引過てゆるめて放す物ならば　矢の働はいかであるべき

つけ放し右手縮る射人ならば　掛かねかけぬ射人と知べし

遠矢射箭不定風矢に依事

追風の女風お風を見定て　二度防かんに心懸べし
秋冬は西や南の風ぞよき　春は東や北を用よ

横風に射る心持之事

風は横心は直にしらま弓　是ぞ誠の弓知りの沙汰
繰矢には追風高し前下くし　脇より吹は靡せて射よ

向風に射心持之事

吹風にた背かすも打むかひ　射るに理ありと兼て知べし
風廻はば向脇にはすむ時　追風は又長閑成とき

さし箭身貟足踏之事

踞はぶんの物射る時によし　偖は足腰労れたる時
指矢をば定るかねを略しつゝ　手先を強肩先をおせ

具足弓心持之事

具足着て弓射る時の心持　道具に弦のさわらぬぞよき
弓臥せて紅葉重にまとひかけ　ねらへば前よ替の弦もて

身之曲尺と云事

仮初も貴人の方へ矢の先を　向くは無礼と是を云なり
矢を懸て立居位習在り　四方を清し引持射よ

羽近き弓徳之事

定なく四寸六分を内にして　弦もはやかれ音もたかゝれ
指南者の羽ほそきの弓を好るは　功者の心引て見ぬ故

羽遠弓徳之事

大鳥の羽高き弓を射る時は　卵といへる手の内ぞよき
矢をはげて狂わす位弓も引　五寸一分と是を云也

弓を引射人之事

弓を引弦を引とは誰も知る　弓を引こそ弓を引なれ
弓を引心に習二つ在　あうんの二字を用べき也

弦を引射人之事

弓を引弦を引とて二つ在り弦を引こそ弦を引なれ
強弱や矢束も弱く弦も弦もひけ　矢の働のよもあらばこそ

弓を射射人不射射人之事

打起し構もしらで皆人の　弓をば涛射で恥をこそいれ
十に外九分の放れ嫌う也　九つ曳て充分によし

弓の末弱を射る事

弓の末弱き射んす手の内は　一束かけていよと教よ
本強き末の弱好しき　過たる時はいふにかひなし

同本弱を射る事

本弱き弓射る時の心持　かけを下けさせ口傳にぞある
本弱き弓を好る射人は　たヽ肩のをれたる人と知るべし

篦に付てと云事

箭こぼれはかけのくつろく時に在り　右手を撚てかうかけの掛
四つかけは矢落るいじの掛そかし　地獄極楽見定て射よ

前切後切心持之事

後切前切二つ心持　右手のなひきに口傳こそあれ

右手の肩臥に随ふものなれば　前は西楓後取梶

弓力定之事

的弓も遠射せんには兼てより　張てをかずばえやはつくまじ

弓は唯細く強ぞ好しき　太く弱は稽古する時

太弦徳之事

切れみせず狂はずふらぬ事ぞよき　當も矢束と弓下分別

仕懸たる弦を當座に射るならば　矢束弱と兼てしるべし

細弦徳之事

鳴もより矢つて音を好なば　常に心に懸て仕懸よ

弓の末弱を射る事

弓の末弱きを射んす手の内は　一束かけていよと教よ

本強き末の弱そ好しき　過たる時はいふにかひなし

同じ本弱を射る事

本弱き弓射る時の心持　かけを下けさせ口傳にぞある

本弱き弓を好る射人は　たヽ肩のをれたる人と知るべし

手内重之事

手の内はしめず不許きめずにして　只其侭のそれぞ吉也

手の内は心で握る手の内も　おすに替れば其かひもなし

紅葉重之事

秋山や紅葉重の手の内は　握りをとせる人之為なり
手の内のゆび教事もある時は　是ぞ楓の紅葉也けり

弦の道之事

弓と弦と心と直に持ならば　矢の働は我思ふまゝ
打渡す父母の梯直成りと　引わたすには反橋ぞよし

身の伸と云事

入り重弓むかんとのみ無益也　つけへ付なば筋骨を折れ
梓弓保つ〳〵と押むかば　是ぞ夢想に放れ行べし

聲に次第之事

夫々の聲の移りを弓学を　はつにつく聲猶も専也
狭間の矢や貴人の御前目當的　生物射るに詰聲はなし

夜弓宛行之事

夜軍はなにはの事も見にわかず　臥せと弓にして足本を射よ
肩をれて越すは例なり事なれば　勝手上げさせ弓手かへりに

相引槍合之事

野伏のは能引付て疾放せ　小引成とも射よや相引
矢番ひは心を鎮め手をはやかれ　心急げば手こそ遅けれ

走者射心持之事

弓構矢先四寸と兼て知れ　早業ならば前へよすべし
逃ものはたふさを目かけ射ぞよき　かゝるものをば足本を射よ

箭之別之事

矢の行は水の流るゝごとくにて　矢音高くは水も波立
打送る弦の心を不知して　放つ斗と思うはかなさ

強矢妻と云事

前切は強き矢妻と是を云　四寸に放れ無念無想に
知過て弱みに立を知ながら　付放しには前切ときく

弱矢妻之事

後切ゆるまる時は弱矢妻　肘のくさびを縮て能射よ
ゆるむ射人勝手斗と思ふなよ　肩より先に心付べし

雁股射心持之事

重ねぬる衣は春にあらねども　飛まるべき雁股ぞかし
雁股は物を射きらんためならば　四つ羽に扨と筈のくびしめ

雨矢事

足引の山のあなたに居る敵を　雲に心をかけて射る也
目付して我身を助け雲目付　矢先は是ぞかねのうらかね

空の物射引様之事

木のあたり穴にあたらぬ射人は　唯かねの位を知らぬ故也
手先をば押すとは常に習えども　手先は穴に弦をおす也

狭間矢射様之事

狭間の矢は敵をも見籠敵よりは　見られぬ様に射るものぞよし
狭間の矢は覆を切て打返し　大ちゝみよし小ちゝもよし

弦皃に放之事

打切に膝を割つヽ射る事は　船中小口狭間の前也
弦皃は深け田や矢倉礒の端　出陣の弓腕抜ぞよし
　馬上之射様之事
打切にしかしくは唯馬の上　油断はしすな右手切のもの
手綱をば鞍輪の前へ引込て　さて起は口傳にぞ有
　矢倉射様之事
矢倉下足をモガリに踏ちがへ胴と身皃を押かヽり射よ
落し狭間目當は足の大指や　放つ時には蓋を引也
　肩高き人直す事
肩高く首の縮る射人ならば　本のすはれる弓を射させよ
曲尺よりも足踏廣く踏せつヽ　す引矢束に付け高く射よ
　許まる射人勝手に在臍肩に在事
す引してゆるまる事はよもあらじ　ひかずに引やくさび身のかね
放れ口却て射ぬる物ならば　ほかみへ心やれといはなん
　早き弓之事
弓は唯保つと斗り思ふなよ　皮肉骨押是を案ぜよ
引弓は癖射手直す弓学也　當も早くは弦皃に射よ
右此は射術歌之巻雖為家傳之秘事依御執心而令附與之訖全他言他見在之間鋪者也、仍如件。

貞享貳乙丑歳八月十五日　　　森刑部往直　印（花押）

【大多喜藩武術年表】

天正十七年八月十五日、森直綱、吉田雪荷より弓術印可

元和八年八月十五日、森直儀、吉田元宣より弓術印可

寛永四年十二月、森直儀『弓之法』を鵜殿義長より伝授

寛永九年八月十五日、森直儀『産所檀之次第』『鳴弦許之状』を鵜殿光長より伝授

寛永十三年八月、森直儀、『日置流射芸之指南方』を西尾郷左衛門へ伝授

正保四年八月十五日、森直往『弓之図』を森吉右衛門へ伝授

承応二年四月二十七日、森孫太夫、浅草三十三間堂にて千三百二十七本通矢す

承応二年八月十五日、森直儀『日置流弓之目録』を森直往へ伝授

承応二年八月十五日、森直儀『弓之村之大事』を森直往へ伝授

承応二年八月十五日、森直儀『平野家羽本之巻』『矢羽根之図』を筆写

承応二年八月、森直儀『日置流射芸之指南歌』を森孫太夫へ伝授

寛文元年八月、吉田元尚『弓村之大事』を森孫太夫へ伝授

寛文八年七月十六日、弓術家森直儀没（）

寛文十一年四月十九日、森小左衛門、浅草三十三間堂にて千六百八本通矢す

寛文十二年十二月、森往直、吉田元長より弓術印可

延宝元年八月、森直往『火矢之大事』を森直平へ伝授

延宝二年四月、森吉右衛門『弓起之次第』を白井安心より伝授

延宝四年八月十五日、森直往『日置流射芸之指南方』を森吉右衛門へ伝授

延宝七年八月十五日、森直救『弓根元之巻』を筆写
延宝九年二月、森直平『流鏑馬之図』を鋤柄平内へ伝授
貞享元年八月二十四日、森直平『箭開之次第』を浅羽左源次へ伝授
貞享二年八月十五日、土屋傳藏『日置流弓目録』を関助左衛門へ伝授
元禄元年八月十五日、森往猶『村之事』を筆写
元禄十一年八月十五日、森往直『村之事』を鋤柄竹右衛門へ伝授
元禄十二年五月二十日、弓術家森往直没（）
元禄十三年八月十五日、森直平『当流弓村之大事』を筆写
元禄十六年八月十五日、森直平『村こき大事』を服部源五右衛門へ伝授
宝永二年十月十一日、森直平『天羽々矢之巻』を松平正貞へ進上
宝永二年十月十五日、森直平『弓矢陰陽之巻』を松平正貞へ進上
宝永二年十二月十四日、森直平『矢記巻』を松平正貞へ進上
宝永二年十二月、森孫之太夫『矢並之次第』を松平正貞へ進上
宝永三年二月二十五日、森直平『的集之巻』を松平正貞へ進上
宝永四年二月二十二日、森直平『弓駕手』を松平正貞へ進上
宝永四年三月二十日、森直平『地取弓飾之巻』を松平正貞へ進上
宝永四年五月五日、森直平『狩出鹿矢之次第』を松平正貞へ進上
宝永五年五月十五日、森直平『的場之次第』『奉射的日記付様』を備中守へ進上
宝永五年八月十五日、森直平『弓場始日記』を筆写
宝永七年十一月二日、森直平『日置流弓之目録』を森吉右衛門へ伝授
正徳三年八月十五日、森直平『村こき大事』を服部儀右衛門へ伝授

正徳四年四月二十日、森直平『弦三段之図』を渡辺三太夫へ伝授
正徳四年八月十五日、森直平『弓之村之大事』を森吉右衛門へ伝授
正徳五年九月十一日、森直平『的矢之次第』を筆写
正徳五年十二月三日、鋤柄竹右衛門『射法之伝』を書記
正徳六年正月十五日、森直平『射方之傳』を鋤柄竹右衛門へ伝授
享保元年七月晦日、森直平『弓場道具之次第』を筆写
享保元年九月十五日、森直平『弓袋之巻』を筆写
享保元年十二月、森直平『矢取台之巻』を筆写
享保三年十一月二十七日、森直平『矢篦之次第』を牛奥甚右衛門へ伝授
享保四年八月十五日、森直平『靭之巻』『靭寸法之巻』を筆写
享保四年十二月十一日、森直平『大射礼的之巻』を牛奥甚右衛門へ伝授
享保四年十二月二十三日、森直平『丸物之巻』を川田半平へ伝授
享保五年正月十五日、森直平『百手之次第』『百手的場之巻』を筆写
享保五年二月二十八日、森直平『引目鎮守字入之次第』を井奥甚右衛門へ伝授
享保五年六月十五日、森直平『日置流火矢之次第』を堀田豊三郎へ伝授
享保五年十月、森直平『的場之次第』を松平正貞へ進上
享保六年五月十五日、森直平『村こき大事』を堀田豊五郎へ伝授
享保六年五月、森直平『的場絵図之次第』『的場帚様之次第』などを筆写
享保六年十月三日、森直平『羽揃之巻』を筆写
享保六年十二月十五日、森直平『宮家羽揃之巻』を筆写
享保七年八月、森刑部『巻藁台寸法記』を筆写

享保七年九月五日、弓術家森直平没（）
享保八年二月十五日、森孫之太夫『武内簸』を松平舎人へ伝授
享保九年八月十五日、森孫太夫『矢筒矢箱之巻』を依田一学へ伝授
元文五年五月、森直矩『山本勘介晴幸軍法伝授目録』を宮崎源内より伝授
寛延二年正月二十九日、藩主・弓術家松平正貞没（六八）
宝暦二年十二月七日、森兵橘、深川三十三間堂にて半堂六十六本通矢す
宝暦三年四月二十一日、森兵橘、深川三十三間堂にて半堂八百四十一本通矢す
宝暦五年二月二十五日、弓術家森直矩没（）
明和元年八月二十六日、弓術家森兵橘没（）
明和元年十月二十日、弓術家森歳直没（）
天明八年十二月十六日、森元直『弓術免許状』を松平正路へ進上
寛政二年十二月十日、森元直『弓術免状』を六浦國治へ伝授
寛政五年五月十二日、森吉右衛門『鳴弦黒札之事』を筆写
寛政十一年三月七日、鹿塩久兵衛より森弓矢之助へ三十三間堂使用料請求
寛政十一年四月三日、森弓之助、深川三十三間堂にて四十間八百七十六本通矢す
寛政十二年十二月十日、森元直、野津定之丞へ弓術免許
寛政十二年十二月十日、森元直『弓術目録』を秋山駒之助へ伝授
享和二年六月十六日、弓術家森直熊没（一四）
文化五年六月五日、藩主・弓術家松平正路没（四四）
文化八年十一月十五日、森元直『射方之傳』を鳥居鉄之丞へ伝授
文化十四年四月二十六日、弓術家森元直没（六〇）

天保九年四月二十六日、村上元章、森造助へ免許
天保十一年四月二十六日、森直之、弓術師範となる
弘化二年十二月十八日、森造助『弓術伝書』を松平正和へ進上
弘化三年四月十五日、森直之『弓術免状』を松平正連へ進上
弘化三年五月十五日、森直之『弓術免許状』を松平正之へ進上
弘化三年九月、森直之『誕生蟇目之式』を筆写
安政七年正月二十五日、森直之『弓術免許状』を森釓吉へ伝授
文久二年九月二十六日、藩主・弓術家松平正和没（四〇）
大正七年二月二十日、弓術家森直方没（八一）

第八章　佐倉藩の武術

佐倉藩は、千葉県佐倉市周辺を領有した譜代の中藩である。

徳川家康の関東入国後、文禄元（一五九二）年佐倉の地に家康の五男武田信吉が四万石で入封した。慶長七（一六〇二）年信吉は常陸の水戸に移封し、武蔵深谷より家康の六男松平忠輝が五万石で入封したが、翌年信濃川中島に移封し、佐倉の地は一時廃藩となった。慶長十二年尾張藩主松平忠吉の付家老の犬山城主小笠原吉次が二万八千石で入封、翌年常陸笠間に移動封、十五年下総小見川より土井利勝が三万二千四百石で入封した。利勝は、老中となり数度の加増で寛永二（一六二五）年には十四万二千石を領有、十年に下総古河に移封となり、豊後日田より石川忠総が七万石で入封したが、翌年近江膳所へ移封となった。そして、十二年に摂津高槻より松平（形原）家信が入封、子の康信（三万六千石）と在封し、十七年高槻へ移封となり、十九年信濃松本より堀田正盛が十一万石で入封した。子の正信が、万治三（一六六〇）年幕府に無断で佐倉に帰城するという幕法違反により除封され、翌寛文元（一六六一）年上野館林より松平（大給）乗久が六万石で入封、延宝六（一六七六）年肥前唐津に移封、入れ替わり同地より老中大久保忠朝が八万三千石で入封し、貞享三（一六八六）年忠昕が相模小田原に移封、武蔵岩槻より老中戸田忠昌が六万一千石で入封し、のち一万石を加増されて七万一千石を領有した。その子忠真は六万七千八百余石を領有したが、元禄十四（一七〇一）年越後高田に移封し、同地より稲葉正往が十万二千石で入封し、子正知と在封、享保八（一七二三）年山城淀に移封、同地より松平（大給）乗邑が六万石で入封、子乗佑と在封し、延享三（一七四六）年出羽山形に移封となり、同地から堀田正亮が十万石で入封した。目まぐるしく交代を繰り返してやっと藩主家の定着をみた。正亮（老中首座）は宝暦十年に一万石を加増されて十一万石を領有し、そのあと、正順（京都所司代）－正時－正愛－正睦（老中首座）－正倫と六代、百二十五年間にわたり在封した。

佐倉藩の武術については、『藩史大事典』に後期堀田時代として、

兵学　甲州流、長沼流
弓術　日置流
馬術　大坪流、八条流
刀術　無停滞心流、中和流、浅山一傳流、立身流、今川流
槍術　誠心流、鏡智流、佐分利流、宝蔵院流
砲術　武衛流、高島流
水術　向井流
柔術　心明殺活流、荒木流
棒・捕手術　荒木流、今川流

とある。

天保七年十月、成徳書院開学の際、温故堂を中心として、その附属に成徳南庠・北庠・西塾・東塾・六芸所・医学局が取建られた。

成徳書院外附属、演武場には、（師範、一人ツヽ　執事、一人ツヽ）

兵学所　甲州流　北条流　宇佐美流　長沼流
弓術所　恒川十郎兵衛預・日置流

馬術所　大坪流　八条流
刀剣所　夏見又兵衛預・無停滞心流　服部四郎右衛門預・中和流
　石川左内預・浅山一伝流　逸見忠蔵預・立身流　勝間田七郎預・今川流
槍術所　井口郡内預・誠心流　木川織右衛門預・鏡智流　佐分利忠蔵預・佐分利流
　岩井石三郎預・宝蔵院
砲術所　齋藤弥一左衛門預・武衛流・高島流
水術所　笹沼龍助預・向井流
柔術所　松浦龍助預・心明殺活流　星野房右衛門預・荒木流
成徳南庠外附属、演武小場には、(師範員長一人ツヽ)
兵学所、弓術所、馬術所、槍術所、柔術所、砲術所、水術所
成徳北庠外附属、演武小場には、(師範員長之内一人ツヽ)
兵学所、弓術所、馬術所、刀剣所、槍術所、柔術所、砲術所、水術所
(『佐倉市史』巻二)

第一節　兵学・軍法

兵学は、兵法、軍学、軍法ともいい、用兵・戦術に関する学問である。戦闘に出陣するに際して将たる者は軍中の士卒が守るべき規律として軍令を定め、軍令を犯す者を処断する法を軍法と称した。

流派は、大きく甲州流と越後流に分けられるが、その流派と始祖は、謙信流（上杉謙信）、信玄流（武田信玄）、甲州流（小幡景憲）、北条流（北条氏長）、山鹿流（山鹿義矩）、

越後流（澤崎主水）、氏隆流（岡本宣就）、謙信三徳流（栗田寛政）、佐久間流（佐久間立斎）、長沼流（宗敬）など多くの流派がある。

佐倉藩の兵学は、山鹿流、越後流、北条流、甲州流、長沼流が伝わったが、時とともに振るわず、天保十（一八三九）年演舞場が取り立てた時には、甲州流と長沼流の二つの教場となった。

・甲州流は、武田流、信玄流、甲陽流、甲陽傳、甲州家傳などともいわれ、流祖は、小幡勘兵衛景憲である。元亀三年小幡昌盛の次男に生まれ、孫七郎と称した。徳川秀忠の小姓であったが、脱走して井伊直政の軍に属して出征し、大阪冬の陣では富田越後の陣場で戦い、夏の陣の前に大阪城に入って偵察した後、徳川家康にその情況を告げ、旗本に復帰した。五百石、のち千五百石となる。寛文三（一六六三）年二月二十五日没す、九十二歳。

○武田信玄―山本勘助晴幸―小幡虎盛―馬場氏勝―┐
┌早川幸豊―広瀬景総―辻盛昌―小宮山昌久―┐
┌三科形幸―辻盛次―岡本實貞―小幡勘兵衛景憲―┐
├小幡孫次右衛門憲行―小幡實豊―┬小幡憲為
│　　　　　　　　　　　　　　├鈴木慰太夫
│　　　　　　　　　　　　　　└吉田儀右衛門宅紹
├北条氏政（北条流）
└山鹿高祐（山鹿流）

小早川能久（小早川流）
真田幸増（真田流）
堀田大蔵太正順
中澤勘兵衛――中澤中次郎――続作太夫――中澤央

・長沼流祖は、長沼宗敬澹齋、傳十郎、三左衛門、のち外記と称す。松本藩士、近習百石。浪人して江戸に出て、安達弥兵衛に禮法を学び、弥兵衛の推挙で筑後藩主有馬頼利に仕え二百五十石、孫子の兵法を基本として『兵要録』二十二巻を著作し、一流を立てた。明石藩に招かれ、のち辞して伏見に引退し、元禄三（一六九〇）年十一月二十一日没す、五十六歳。

○長沼外記澹齋――土岐光晴
　　　　　　　――宮川尚古――村井嘉遯――岩奈安次
大友貞廣――本田貞光――大河内元貞――小野寺慵齋
宮崎平太夫
依田十太郎柴甫
中澤央

├佐治岱次郎
├須藤秀之助
└野村弥五左衛門

第二節 弓術

弓術の流派は、大きく分けると礼法・騎射系統の小笠原流と武射系統の日置（吉田）流に分けられ、日置流はさらに細かく分派した。その流派と始祖は、小笠原流（小笠原貞宗）、日置流（日置正次）、吉田流（吉田重賢）、出雲派（吉田重高）、雪荷派（吉田重勝）、左近右衛門派（吉田業茂）、大蔵派（吉田茂氏）、印西派（吉田重氏）、竹林派（石堂如成）、大心派（田中秀次）、寿徳派（木村寿徳）、道雪派（伴一安）、山科派（片岡家次）、大和流（森川秀一）などである。

・日置流弓術の祖日置弾正正次は、文安元（一四四四）年大和に生まれ、宗品、影光、豊秀といい、瑠璃光坊威徳、道以、意徳斎と号し、明応九（一五〇〇）年吉田重賢に唯一伝授し、諸国を歴遊してのち高野山に登り剃髪して、文亀二年五十九歳で没したという。

佐倉藩へは、海野景充に学んだ恒川吉忠によって日置流の分派である道雪派が伝わった。単に日置流と称していたようである。また幕末に、小浜藩の湯川系統が伝わった。

○日置弾正正次――吉田上野介重賢――吉田出雲守重政――┐

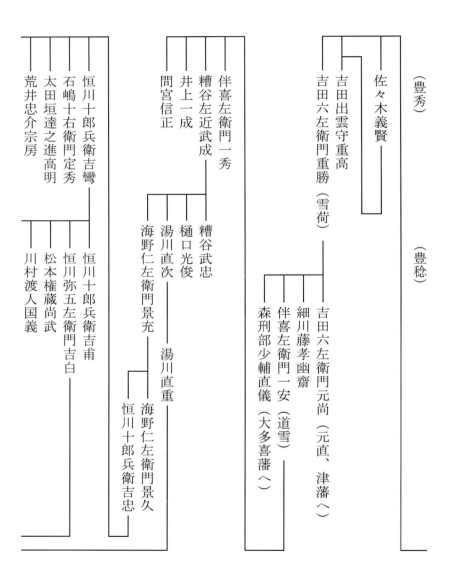

（豊秀）

佐々木義賢

吉田出雲守重高

吉田六左衛門重勝（雪荷）

（豊稔）

吉田六左衛門元尚（元直、津藩へ）

細川藤孝幽齋

伴喜左衛門一安（道雪）

森刑部少輔直儀（大多喜藩へ）

伴喜左衛門一秀

糟谷左近武成

井上一成

間宮信正

糟谷武忠

樋口光俊

湯川直次

海野仁左衛門景充

湯川直重

海野仁左衛門景久

恒川十郎兵衛吉忠

恒川十郎兵衛吉彎

石嶋十右衛門定秀

太田垣達之進高明

荒井忠介宗房

恒川十郎兵衛吉甫

恒川弥五左衛門吉白

松本権蔵尚武

川村渡人国義

久代藤兵衛友栄
柿内十兵衛則安
足立四郎兵衛祐寛

潮田儀助高次
香曽我部左太郎親寛
伊部代蔵玄利
松倉太兵衛宗之
日置清右衛門貞倚
山上城右衛門盛親

恒川弥五左衛門吉升
池浦甚五左衛門宗門
安藤三十郎長道
日置清太郎貞幹
荒井儀右衛門由歳
佐治八郎兵衛延世
向加右衛門之祥
太田垣衛守高尚
塩谷吉之丞尚錯
山上仁左衛門盛明
三木宗兵衛勝壽

恒川十郎兵衛吉□
河原喜右衛門□路
日野角七薫昭
田辺助右衛門安親
井村甚馬之才
森村助左衛門久敬
齋藤加右衛門是必
木村斧右衛門勝定
熊谷右内武親
稲川岡右衛門高尚
平野武司重美
向藤左衛門之益
森幸太郎勝葉
永井寛治要

大田垣勇記高遠
久代勇司友信
中條庄司直年
渡辺弥一兵衛衛治
磯矢恰宗将
山上祐造盛徳
近藤数馬景福
藤田直記道生
池浦三郎兵衛宗定
日野辨之助吉卜

恒川規矩佐吉久
恒川権九郎吉終
武部源五左衛門光知
太田匠作資安
伊部清蔵玄長
丹治勇造之常
木村亀橘勝龍
入江八十八郎春壽
永井虎之助秀成

湯川直久……湯川勝野右衛門子行――湯川孫平平次

依田十太郎貞幹

第三節　馬術

　馬術は、馬を乗りこなし、活用する術で、それは古墳時代に溯るといえよう。江戸時代になると平和の世の中となり馬術の実用価値が減退したものの、武士の最も尊重した武芸として重視され、特に上・中級武士の必修技とされた。

　流派と始祖は、大坪流（大坪慶秀）、大坪本流（斎藤定易）、佐々木流（佐々木義賢）、上田流（上田重秀）、荒木流（荒木元清）、八條流（八條房繁）、新當流（神尾織部）、新八條流（関口信重）などである。

　佐倉藩へは、八条流。大坪流が伝わった。

・八条流の流祖は、小笠原流の小笠原稙盛の門人八条近江守房繁。修理亮房重ともいう。
佐倉藩へは、仙台藩士及川氏より都鳥家に伝わった。

○八条近江守房――八条房隆

八条昌勝――中山家範――中山照守

八条朝繁――氏家高継――藤原兼勝

石井勝忠―飯野重勝―大河内顕実―及川茂光

及川重成―及川重奥―及川安元―及川光紹

及川又右衛門

都鳥助八重教

中山直定―中山直範―中山直守―中山直張

中山直照―岩淵実益

○都鳥助六光信―都鳥助八重勝―都鳥助八重昌―都鳥助六重剛

大澤一問太勝昭

都鳥助八―都鳥虎之助（助八）

中条庄司直年

・大坪流の流祖は、大坪式部大輔慶秀、廣秀ともいう。幼名は岡部孫三郎、（一説に村上姓）左京助といった。将軍足利義満、義持に仕え、剃髪して道禅と号す。小笠原政長に小笠原流馬術を学び、工夫して大坪流を創設した。

○大坪式部大輔慶秀——村上永幸——齋藤国忠——齋藤好久

齋藤安芸守好玄（大坪本流）

大須賀吉秀——福山義長——福山義一——代々有之

代々清志——代々清繁——代々政元——都鳥助六重剛

千葉平馬胤椿

・大坪本流の流祖は、齋藤主税定易で、明暦三（一六五七）年二月二十九日生れ、正三郎、三左衛門、主税と称し、愚連堂凹と号す。延享元（一七四四）年八月十七日没す、八十八歳。大坪流八代斉藤辰之に学び、新たに一派を立て、大坪本流馬術と称した。

○齋藤安芸守好玄——齋藤備後守忠玄——齋藤斎宮頭辰遠

了慶坊（丹州住の僧）——齋藤求馬助辰光——齋藤主税定易

齋藤主税定兼——齋藤造酒介

都鳥助六重昌——松浦団之進寛

――千葉平格好胤

第四節　剣術

剣術は、武士の表芸と考えられ、流派には、天真正傳神道流（飯篠長威斎）、一羽流（諸岡一羽）、新陰流（上泉伊勢守）、卜傳流（塚原卜傳）、天流（斎藤傳鬼）、新陰流（柳生但馬守）、柳生流（柳生十兵衛）、一刀流（伊藤一刀斎）、小野派（小野忠常）、念流（上坂安久）、東軍流（川崎鑰之亮）、二天流（宮本武蔵）、吉岡流（吉岡憲法）、直心影流（山田光徳）、三和流（伊藤清長）、無形流（別所忠久）、北辰一刀流（千葉周作）など非常に多く存在した。

佐倉藩へは、無停滞心流、中和流、浅山一傳流、立身流が伝わった。

・無停滞心流の流祖は、佐倉藩士夏見族之助義種（二百石）。柳生十兵衛の系統の柳生新陰流を究めた。寛政十一（一七九九）年五月六日没す。

○夏見又兵衛義端――夏見族之助義種――夏見又兵衛義文
├夏見族之助松吉――夏見千吉巌
├続作太夫
└長尾平次兵衛景明

└─志田傳十郎

・中和流の流祖は、東軍流岡野孫太夫の門人安並五郎兵衛利長。
佐倉藩へは、服部家に伝来し、茂弥から佐倉藩士につたわった。

○安並五郎兵衛利長───服部茂弥───服部四郎左衛門俊長─┐
┌─────────────────────────────┘
└服部四郎左衛門俊徳───服部孫太夫俊彦───服部四郎左衛門俊良─┐
┌─────────────────────────────┘
├服部宥吉
├服部四郎左衛門代弥─┬服部藤次郎
│　　　　　　　　　　└富樫平右衛門
└植松治郎太夫祝荘

・浅山一傳流は、上州碓氷の郷士丸目主水正則吉に発し、孫弟子の浅山一傳によって、諸国に広まった。
もとは、柔、剣を中心に、小太刀・槍・鎌・忍術・毒害・捕手・棒・手裏剣などを総合して、浅山一傳体術といっていた。

佐倉藩へは、森戸金制に学んだ小林藤十郎忠秀によって伝来した。

○丸目主水正───国家弥右衛門───・浅山一傳齋一存（重晨）─┐
┌─────────────────────────────┘

海野尚久
伊藤次春（不傳流）
小島光友―仲村光利―中井重頼―小野里勝之―
山崎祐正
中田政経―浅山一傳齋重行―森戸朝恒―
　小林茂右衛門（浅山一傳古流）
森戸偶太―森戸金春―森戸春邑―森戸鏗綱―
森戸金制―森戸金振
　小林藤十郎忠秀―岡田豊三郎
　　田内平次郎―佐沼栄之助
　　石川左内―
中條文右衛門
浅井八十郎―丹治清太郎
岡隣太郎―新谷久米治
岩滝大輔―村井金次郎

・立身流は、立身三京流ともいう。流祖は、伊予の人立身三京、又は豊京といい、永正十五（一五一八）年生れ。柔術と居合を究め、剣術、捕手縄術にも精通し、立身流居合柔術縄甲冑勝之業と称した。

佐倉藩へは、寛保年代以前に、大石貞節に学んだ山口七郎左衛門によって、移封によって伝来した。現在も続く流派である。

○立身三京――立身石見守――立身数馬佐――二上半之丞

松井琴古――桑嶋太左衛門――大石千助貞節
木村権右衛門

山口七郎左衛門――竹河九兵衛――糟谷国九郎
近藤惣五郎
松川兵右衛門

逸見柳芳――逸見宗八満直――半澤喜兵衛

逸見新九郎――半澤権右衛門――逸見宗八満明
別所久左衛門桂角

逸見忠蔵信敬――逸見宗助――長尾義夫
村井光智
半澤駒太郎成恒――加藤久
根本官七

館脇峯次郎

加藤胖
加藤貞雄
加藤高
塚本清

・今川流は、今川兼流ともいう。流祖は、塚原卜傳の門人今川越前守義真。重家、吉道とも云った。幼名五郎のち上総守、入道して宗閑と号した。慶長十九（一六一四）年十二月二十八日没す、七十七歳。子孫は徳川幕府に仕えて高家になった。

○今川越前守義真――高木裡八
　　　　　　　　　└茂木安左衛門

佐倉藩へは、石川與州に学んだ勝間田太故によって伝わった。しかし流祖今川義真より小山玄蕃への系統がわからない。

・小山玄蕃兼続――三谷左衛門顕盛――岩田無人齋房義――
　青木與宗右衛門義時――佐藤義太夫重利――遠藤図書秋義――

安蘇河左衛門房朝――安蘇川養儛照朝――石川喜三左衛門與州

勝間田七郎太故――勝間田為五郎太吉――勝間田弥太郎太信

兼坂新助

（勝間田太故の墓）

第五節　槍術

槍術は槍を使う武術で、大きく分けると直槍と十文字槍になる。その流派には、宝蔵院流（覚禅房栄胤）、中村派（中村尚政）、無邊派（大内無邊）、健孝流（伊東紀伊守）、富田流（富田半生）、佐分利流（佐分利重隆）、本間流（本間昌能）、神道流（石野氏利）、樫原流（樫原俊重第三節）、本心鏡智流（梅田治忠）、大島流（大島吉綱）、種田流（種田正幸）、一旨流（松本利直）などがある。

佐倉藩へは、誠心流、佐分利流の槍術が伝わった。

・誠心流の流祖は、大嶋流（雲平流）を修得した加賀の人鶴見且兵衛という。井口家に伝わり、佐倉藩士井口郡内清盈が、享和三（一八〇三）年二月十一日槍術指南（九十石）となった。

○鶴見且兵衛―井口平右衛門―井口平助―井口宗兵衛周秀―井口郡内清盈―井口彦三郎
　　　　　　　　　　　　　　　　　　　　　　　　　　　　　└田邊弥門―成田平馬―伊部清兵衛―平野三郎右衛門―井口宗兵衛（辰次郎）

・佐分利流祖は、佐分利重隆。富田流槍術の富田牛生に学び、関ヶ原の役のとき富田信高に随い、のち池田輝政に仕えた。
　佐倉藩へは、大阪玉造騎士手塚次原に学んだ西村芳高（新流）と、佐分利左内（古流）によって伝わった。

〇佐分利猪之助重隆
- 佐分利（岡田）重堅
- 佐分利（佐々木）重可
  - 佐分利清晴
  - 木下利當（木下流）
  - 鈴木重知
    - 島末正景
    - 野崎景明――三箇為重――柴田照朝――手塚次原
      - 西村平右衛門芳高
        - 西村平右衛門芳郁
          - 駒沢嘉六保禄
          - 佐分利良哲重保
        - 別所皆右衛門宗之――田中喜三兵衛
        - 田内茂蔵成章――梁瀬吉兵衛
          - 田中金八郎
        - 松永林蔵義全
        - 高橋助三郎周富

┌─佐分利好国───────佐分利好保───────佐分利好教─┐
├─佐分利重蔵
└─佐分利左内忠太───佐分利瀧助───藤田収蔵

第六節 砲術

天文十二(一五四三)年種子島に鉄炮が伝わり、戦術上の一大転換が行われた。砲術には小銃と大砲があり遠戦武器として有功であったため、田付流(田付景澄)、井上流(井上正継)、津田流(津田算長)、田布施流(田布施忠宗)、稲富流(稲富一夢)、霞流(丸田盛次)、関流(関文信)、長谷川流(長谷川勝家)、岸和田流(岸和田盛高)、荻野流(荻野安重)、武衛流(武衛義樹)など数多くの流派が起った。しかし明治以後には西洋式の砲術が主流となって廃れてしまった。

佐倉藩へは、武衛流砲術が伝わった。

・武衛流は、但馬竹野郷(城崎郡竹野)の人武衛義樹、砲術七流を学び、太田摂津守に仕えたが、のち致仕し、寛永年中の島原の乱に、松平伊豆守、松平輝綱が工夫した大短筒の威力のすばらしさを見て伊豆守の臣松永里之助にしたがって短筒を習い、妙を得て貫流と称したが、やがて武衛流と称した。元禄九(一六九六)年二月二十六日大阪に死す。

○武衛市郎左衛門義樹
- 武衛義恌
- 渡辺景綱
  - 渡辺庄右衛門
  - 依田直有 ― 依田大助延年 ― 齋藤伊津記利重
    - 齋藤弥一左衛門
    - 兼松繁蔵（のち高島流）
    - 齋藤碩五郎
- 武衛義旭
- 齋藤正房
- 中島長守（中島流）

第七節　水術

水術の流派には、神傳流、島村流（水府流）、小堀流、向井流、永田流などがあるが、佐倉藩へは、向井流が伝わった。

○向井兵庫頭正綱 ― 向井忠勝 ― 向井直宗 ― 向井正方 ― 向井王盛 ― 向井正員 ― 向井正使 ― 向井政春 ― 向井正直 ― 向井正通 ― 笹沼良介 ― 笹沼八郎勝用 ―

- 鈴木正家
  - 鈴木次郎
    - 向井文哉
- 上野正幸（山敷流）
  - 上野徳太郎
  - 中野秀次
- 伊藤又吉
- 臼井兼吉
- 土屋兼太郎
  - 川上駒吉
- 石阪仲次郎
- 岩松昇平
- 大竹森吉
  - 吉村重吉
  - 亀崎忠一（大竹流）
    - 江森力蔵
    - 太田忠徳
    - 前波鉄太郎
    - 四谷 寛

第八節 柔術

柔術は、戦場で専ら武将間に用いられた組討ち術と、太平の世に下級武士間で主として中国拳法の流れを汲む素肌柔術に分けられる。その流派には、三浦流（三浦義辰）、起倒

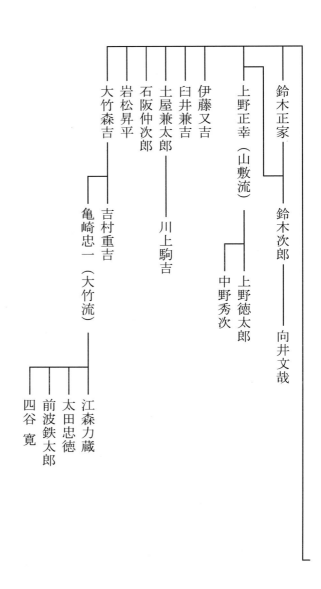

流（茨木専齋）、制剛流（水早信正）、関口流（関口氏心）、渋川流（渋川義方）、揚心流（秋山義時）、吉岡流（吉岡重勝）などがある。

佐倉藩へは、西窪幸継の甥松浦寛が心明殺活流を、西窪幸智より伝授されて伝えた。流祖は、上野縦横義喬である。秋山四郎左衛門義時に揚心流柔術を学び、工夫を積み、心明流（心明殺活流）を開いた。

○上野縦横義喬――西窪随軒幸継――西窪治郎允幸智――松浦団之進寛――増田繁右衛門綏民――田辺治郎左衛門成禄――松浦団之進弼――増田繁右衛門綏章

第九節 棒・捕手術

その流派には、荒木流（荒木秀綱）、香取神道流（飯篠長威）、九鬼神流（九鬼隆真）、竹内流（竹内久盛）、無二流（雑賀就宗）、無比無敵流（佐々木徳久）、円流（内田隆恭）、隋変流（脇坂源左衛門）、鹿島流、強波流、矩芳流、神流、高木流、竹生島流、戸田金剛流、人見流、日守流、微塵流、無拍子流、無辺要眼流、力信流などがある。

・荒木流は、荒木無人斎流、無人斎流、茂呂古武道荒木流拳法という。流祖は、荒木正応（秀綱）といい、左衛門と称し、無人斎、白応などと号した。

○荒木夢仁斎秀綱
- 荒木村治
- 森勝重（霞神流）
  - 宮本秋久
  - 太田義氏
  - 伊藤重次
- 中村行春（竹内三統流）

伊藤重次─白岩定栄─山本勝之
- 山本勝久（荒木新流）
- 竹内勝吉
- 熊谷角兵衛春久

熊谷角兵衛春久─佐藤重三郎道白─押切道雲長時─押切佐左衛門長次─星川房右衛門英次─星川嘉左衛門英春─星川房右衛門英好─佐藤折右衛門定真─大木楠右衛門久敬─星川房右衛門英隆─

【佐倉藩武術年表】

享保元年八月二十四日、弓術家恒川吉忠没（）

明和三年二月十日、服部俊長、子俊徳へ中和流剣術を伝授

明和六年七月二十四日、棒術家星川英次没（七三）

天明五年十月十日、剣術家服部俊長没（）

天明九年正月二十九日、逸見満直、立身流剣術師範

寛政二年四月二十二日、恒川十郎兵衛、深川三十三間堂にて七百七十九本通矢

（星川英次の墓）

寛政二年十一月二十七日、恒川吉升、弓術師範
寛政十一年五月六日、剣術家夏見義種没（）
寛政十一年七月一日、夏見義文、剣術師範
寛政十四年八月二十三日、棒術家星川英春没（）
享和元年十月九日、増田緩民、心明流柔術師範
享和三年正月十五日、西村芳高、佐分利流槍術師範
享和三年二月十一日、井口清盈、槍術指南
文化元年七月二日、棒術家星川英好没（）
文化元年九月五日、棒・捕手術家星川房右衛門没（）
文化元年十一月二十三日、剣術家服部俊徳没（）
文化二年二月四日、今井右膳、服部俊彦より中和流免許
文化二年七月二十三日、剣術家逸見満直没（）
文化三年八月七日、大木久敬、荒木流棒・捕手術免許
文化四年十一月十九日、逸見満明、立身流剣術師範
文化四年十二月二十三日、半澤権右衛門、立身流剣術師範
文化六年十月十八日、勝間田七郎、今川流捕手師範
文化八年九月三日、剣術家半澤権右衛門没（）
文化八年十月六日、都鳥重剛、大坪流馬術免許
文化九年三月二十六日、中澤勘兵衛、甲州軍学極意免許
文化十一年十二月二十七日、砲術家齋藤弥一左衛門没（）
文化十二年二月二十三日、槍術家井口周秀没（）

文化十四年十月二日、齋藤弥一左衛門、父齋藤伊津記より武衛流砲術相伝
文化十五年三月十一日、星川房之助、大木楠右衛門より荒木流相伝
文化十五年八月十三日、齋藤弥一左衛門、砲術師範
文政元年六月十二日、砲術家齋藤利重没（）
文政二年八月十九日、弓術家恒川吉白没（八五）
文政三年二月十一日、槍術家佐分利重遠没（）
文政三年五月朔日、服部俊良、父俊彦より中和流剣術奥旨相伝
文政八年十二月十七日、植松祝荘、服部代弥より中和流剣術免許
文政八年十二月二十三日、沼沢円太兵衛、荒木流捕手同心共稽古世話
文政十年正月六日、軍学者中澤勘兵衛没（）
文政十年二月七日、長尾景明、夏見又兵衛家伝の書相伝
文政十一年三月二十日、続作太夫、夏見又兵衛より無滞心流剣術免許
文政十一年十二月十五日、兼松繁蔵、齋藤弥一左衛門より砲術免許
文政十二年五月三日、恒川吉升弓術師範
天保二年九月二十六日、都鳥助六、大澤一問太より大坪流馬術相伝し師範天保三年正月二十日、西村芳郁、父芳高より佐分利流槍術皆伝
天保四年三月朔日、逸見忠蔵、父宗八より立身流奥儀相伝
天保四年四月十八日、田辺弥門、井口郡内より槍術免許
天保五年九月十一日、田辺弥門、都助八より大坪流馬術免許
天保六年四月二十六日、服部宥吉、兄俊彦より中和流剣術奥旨相伝
天保六年六月三日、守田源之助、小林藤十郎より浅山一伝流免許
天保六年十二月七日、長岡芳次郎、勝間田七郎より今川流剣術免許

天保七年三月九日、志田傳十郎、夏見又兵衛より剣術免許
天保七年三月二十六日、続作太夫、井口郡内より誠心流槍術皆傳免許
天保七年三月二十六日、小林雄六、井口郡内より誠心流槍術皆傳免許
天保七年十月、成徳書院開学、温故堂を中心に成徳南庠、北庠、六藝所など取建られた
天保七年十一月二十一日、富樫平右衛門、服部四郎左衛門より中和流剣術免許
天保八年四月三日、岩瀬清十郎、星川房右衛門より荒木流捕手免許
天保八年五月二十一日、池田勇加、小林藤十郎より浅山一傳流剣術免許
天保八年六月二十五日、石川左内、小林藤十郎より浅山一傳流剣術免許
天保八年六月二十八日、半澤益蔵、逸見忠蔵より立身流剣術免許
天保八年十一月二十九日、槍術家西村芳高没（六八）
天保九年閏四月七日、長尾景明、無停滞心流剣術師範
天保九年閏四月七日、西村芳郁、佐分利流槍術師範
天保九年閏四月二十七日、田辺弥門、誠心流槍術師範
天保九年五月二十日、剣術家逸見満明没（）
天保九年七月二十一日、齋藤（兼松）繁蔵、砲術師範
天保九年十一月十一日、桜井千右衛門、鏡智流槍術師範
天保十年正月十五日、恒川規矩佐、兄十郎左衛門より射術免許
天保十年十二月十八日、宮崎平太夫、長沼流兵学師範
天保十年十二月十八日、千葉平馬、大坪流馬術師範
天保十年十二月十八日、水術教場取建られ、師範に植松八郎太夫
天保十一年三月朔日、弓術家恒川吉升没（）

天保十一年三月二十五日、井口彦三郎、父清盈より誠心流槍術免許
天保十一年九月十八日、山口新八郎、矢野軍次郎より武衛流砲術免許
天保十一年十月二十八日、剣術家服部俊彦没（）
天保十一年十二月九日、鈴木彦太郎、小林藤十郎より浅山一傳流剣術伝授
天保十二年正月五日、剣術家石川兵蔵没（）
天保十三年十月二十四日、兼松繁蔵、高島流砲術稽古指南
天保十四年閏九月二十三日、石川左内、浅山一傳流剣術世話
天保十四年十一月十六日、湯川孫平平治、父勝野右衛門より道雪派免許
天保十四年十二月十九日、石川左内、浅山一傳流剣術師範
天保十五年三月二十二日、神取弁之助、勝間田七郎より今川流剣術免許
天保十五年四月十七日、剣術家横山増右衛門没（）
天保十五年八月十四日、兵学者中澤中次郎没す（）
弘化二年二月十二日、浅井豊次郎、石川左内より剣術免許
弘化三年三月九日、齋藤碩五郎、江川太郎左衛門より高島流砲術皆伝
弘化三年三月九日、槍術家田嶋金治郎没（）
弘化四年正月五日、馬術家千葉平馬没（）
弘化四年正月十九日、兼松碩五郎、高島流砲術師範
弘化四年三月十九日、恒川権九郎、深川三十三間堂にて四十間堂九十六本通矢
弘化四年三月二十八日、恒川規矩佐、深川三十三間堂にて五千十五本通矢
弘化四年七月一日、鈴木常太郎、松浦団之助より柔術免許
弘化四年八月九日、剣術家半澤益蔵没（）

弘化四年八月二十一日、合田栄齋、小林藤十郎より浅山一傳流免許
弘化四年十二月十二日、古畑金五郎、小林藤十郎より浅山一伝流免許
弘化四年、続作太夫、兵学師範
弘化五年二月十日、槍術家井口彦三郎没（）
弘化五年二月晦日、中条庄司、石川左内より剣術免許
嘉永元年五月二十五日、国司斉宮、井口清盈より誠心流槍術皆伝
嘉永元年六月十一日、服部代弥、父俊良より中和流剣術奥旨相伝
嘉永元年十一月十六日、弓術家恒川規矩佐没（）
嘉永二年四月二十一日、兼松繁蔵、齋藤弥一左衛門より武衛流砲術相伝
嘉永二年十月二十四日、中条庄司、恒川十郎兵衛より射術免許
嘉永二年十一月二十三日、瀧本寿山、小林藤十郎より浅山一傳流免許
嘉永三年正月二十一日、武術家西村芳郁没（）
嘉永三年十二月二十九日、西村平太郎、大塚同庵より西洋砲術免許
嘉永四年正月二十九日、星川房之助岩松、荒木流柔術師範
嘉永四年三月十六日、大森巳之作、兼松繁蔵より砲術免許
嘉永四年十二月十四日、関口亀加、小林藤十郎より剣術免許
嘉永五年三月二十五日、石川卯三郎、水谷源十郎より棒術免許
嘉永五年八月十一日、砲術家山口新八郎没（）
嘉永五年十月十三日、増田繁右衛門、心明流柔術師範
嘉永五年十一月二十三日、海老原寅蔵、小林藤十郎より浅山一傳流免許
嘉永五年十二月十三日、津田春霞、田辺次郎左衛門より心明流柔術免許

嘉永五年十二月十五日、古畑金五郎、田内半平より佐分利流槍術皆伝免許
嘉永六年正月二十七日、武藤彦作、宝蔵院流槍術師範
嘉永六年二月八日、夏見松吉、義文より無停滞心流剣術を印可
嘉永六年六月五日、剣術家勝間田太故没（八三）
嘉永六年八月十五日、勝間田為五郎、剣術師範
嘉永六年八月二十一日、笹沼竜介、高津助之丞より水術皆伝免許
嘉永六年九月十五日、笹沼竜介、水術師範
嘉永六年十月十五日、剣術家夏見義文没（）
嘉永六年十二月十六日、田辺左太治、父次郎左衛門より心明流柔術免許
嘉永七年六月二十一日、剣術家長岡芳次郎没（）
嘉永七年七月十六日、星川綱蔵、荒木流柔術師範
嘉永七年七月二十四日、大森巳之作、杉山大吾より西洋砲術免許
嘉永七年閏七月二十八日、岩渕伝之助、続作太夫より甲州流兵学免許
嘉永七年十月、中澤央、兵学師範
安政二年正月十五日、馬術・槍術家田辺弥門没（）
安政二年三月、田内平次郎、浅山一傳流剣術師範
安政二年五月十九日、弓術・剣術家丹治勇造没（）
安政二年六月九日、齋藤碩五郎、西洋砲術師範
安政二年十一月三日、武術家花村権左衛門没（）
安政二年十一月三日、恒川権九郎、父十郎左衛門より弓術免許
安政三年二月十八日、木川織右衛門、槍術師範

安政三年二月二十一日、矢吹定治、石川左内より剣術免許
安政三年二月二十三日、森谷猪三郎、矢野一郎右衛門より無停滞心流剣術免許
安政三年三月朔日、服部辰次郎、父清盈より中和流剣術免許
安政三年三月朔日、半澤駒太郎、逸見忠蔵より立身流剣術免許
安政三年三月朔日、山崎愛之助、勝間田為五郎より今川流剣術免許
安政三年七月六日、石川卯三郎、関口流棒術師範
安政三年十二月二十九日、剣術家服部俊良没（）
安政四年五月二十四日、柔術家丹治忠蔵没
安政四年十一月六日、井口宗兵衛、井口郡内より誠心流槍術皆伝免許
安政五年七月三日、井口宗兵衛、誠心流槍術師範
安政五年八月五日、剣術家高瀬四郎兵衛没（）
安政五年十二月十六日、田中金三郎、田内平次郎より剣術免許
安政五年十二月十六日、志津野豊吉、田内平次郎より剣術免許
安政五年十二月十六日、関谷友太郎、田内平次郎より剣術免許
安政六年三月十七日、栗原荘太郎、勝間田七郎より剣術免許
安政六年六月八日、丹治平助、向井流水術員長
安政六年九月十八日、山口鉄之助、服部代弥より中和流奥旨免許
安政六年十二月二十一日、田中申七郎、田内半平より佐分利流槍術皆伝
安政六年十二月二十一日、二橋久三郎、田内平次郎より浅山一伝流免許
安政七年正月二十一日、槍術家井口清盈没（）

安政七年十月十一日、続作太夫、兵学師範
万延元年三月二十七日、恒川吉終、弓術師範
文久元年三月二十四日、服部藤次郎、服部代弥より中和流剣術奥旨免許
文久元年五月六日、勝間田弥太郎、今川流剣術師範
文久元年五月六日、佐分利滝蔵、佐分利流槍術師範
文久元年六月十五日、山口鉄之助、増田繁右衛門より柔術奥義皆伝
文久元年六月十五日、山崎愛之助、増田繁右衛門より柔術奥義皆伝
文久元年六月十六日、半澤権太郎、増田繁右衛門より柔術皆伝
文久元年八月三日、剣術家志津野豊吉没（）
文久元年十一月二十五日、水術家笹沼龍助没（）
文久元年十二月二十一日、田中金三郎、梁瀬金兵衛より佐分利流槍術皆伝
文久五年五月二十九日、中条庄司、都助八より八条流馬術免許
慶應二年六月七日、浅井八十五郎、浅山一傳流剣術師範
明治三年、弓術師範も教場も廃止
明治四年正月二十三日、都鳥虎之助、馬術師範

参考文献

『弓道講座』　雄山閣出版　昭和十二年～十七年刊
『近世武道文献目録』　入江康平　一九八九年刊
『黒田家臣傳稿本』　上総古文書の会　平成二十二年刊
『佐倉市史』巻二　佐倉市　昭和四十八年刊
『射道』　大日本弓術会　大正元年創刊
『日本教育史資料』　文部省　昭和四十五年刊
『日本武術名家傳』　飯島唯一　明治三十六年刊
『日本武道大系』　今村嘉雄　同朋舎出版　九冊
『幕末維新全殉難者名鑑』　新人物往来社　昭和六十一年刊
『藩史大事典』　木村礎・藤野保・村上直　昭和六十三年～平成二年刊
『常陸国麻生藩の研究』　植田敏雄　二〇一一年刊
『保受録』　佐倉市史料叢書　佐倉市　平成十五年刊
『本朝武芸小伝』　日高繁高　五冊　享保元年刊
『武芸流派大事典』　綿谷雪・山田忠史　昭和五十三年刊
『武徳誌』　大日本武徳会武徳誌発行所　明治三十九年創刊
『房総武芸帖』　千葉県立総南博物館　平成八年刊
『矢数帳』（江戸三十三間堂）　江戸期刊

あとがき

近世の郷土および文化史を調べている中で、今回は「常総諸藩の武術」と題してまとめてみました。専門外のこともあって難儀はしましたが、現地の墓石なども調べて一応纏めることが出来ました。(このシリーズ八冊目になりました。)

資料も虫食いの所など不明な箇所もあり、勉強不足もあって完璧とはいかなく、多くの課題が残ります。入門的なものですので、今後の研究者などに期待するところです。

郷土史としては勿論のことですが、伝書などを現在の文字にして残す事で、これからの研究などに役立つでしょうし、武道の世界(体育的ばかりでなく、精神文化的なものも含めて)の一端でも理解し、武道を志す人の指針・参考となれば幸いです。

また、(災害などにより資料などが皆無に成らないうちに)時代、いや時間と共に消滅していかないうちに、武道文化の一部分でも残したいものです。資料をお持ちの方よりの提供助言、郷土史家等による更なる研究を期待してやまない。

最後になりましたが、この稿をまとめるにあたり、茨城県歴史館、千葉県文書館、関宿城博物館、君津市立久留里城趾資料館、千葉県立博物館大多喜城分館に資料閲覧・提供など大変お世話になりました。改めて御礼申し上げます。

【表紙】夏の「大多喜城」

【著者略歴】

昭和十五年九月日立市に生まれ、三十八年千葉大学教育学部を卒業し、茨城県立日立第一高等学校（母校）、のち県立水戸工業高等学校教諭。平成十二年三月定年退職し、私立翔洋学園高等学校教諭、県立海洋高等学校及び那珂湊第二高等学校講師を勤む。弓道は昭和三十四年四月千葉大学弓道部に入り大木賢三師範に学び、副主将をつとめる。郷里で高校教員となり、中野慶吉範士などに指導を受け、茨城県高体連弓道水戸地区委員長、茨城県教職員弓道連盟理事などをつとめた。

現在、茨城県郷土文化研究会（副会長）、茨城県弓道聯盟水戸副支部長（弓道教士六段）、日本武道学会（弓道専門分科会）、本多流生弓会、日本数学史学会会員。

著書には『弓道書誌研究』（私家版、十二冊）

『弓道人名大事典』（日本図書センター）

『日本弓道史料』（太陽書房、十冊迄刊行）

『日本数学者人名事典』（現代数学社）

『水戸徳川家の武術』（太陽書房）

『笠間藩の武術』『庄内藩の武術』『古河藩の武術』『秋田藩の武術』

『盛岡藩の武術』『土浦藩の武術』（以上、ツーワンライフ出版）など。

常総諸藩の武術

発　行　平成28年12月1日　第一刷発行
著　者　小 野 﨑 紀 男
　　　　〒310-0046 茨城県水戸市曙町8番13号
発行所　有限会社ツーワンライフ
　　　　〒028-3621 岩手県紫波郡矢巾町広宮沢10-513-19
　　　　☎019-681-8121　FAX.019-681-8120

ISBN978-4-907161-75-0